软银图表工作法

孙正义这样做决策

世界のトップを10秒で納得させる資料の法則

[日] 三木雄信　著
吉翔　译

U0810449

中信出版集团 | 北京

图书在版编目（CIP）数据

软银图表工作法：孙正义这样做决策 /（日）三木雄信著；吉翔译．-- 北京：中信出版社，2021.4
ISBN 978-7-5217-2810-1

Ⅰ．①软… Ⅱ．①三… ②吉… Ⅲ．①企业管理 Ⅳ．① F272

中国版本图书馆 CIP 数据核字（2021）第 030766 号

软银图表工作法：孙正义这样做决策

著　　者：［日］三木雄信
译　　者：吉翔
出版发行：中信出版集团股份有限公司
（北京市朝阳区惠新东街甲 4 号富盛大厦 2 座　邮编　100029）
承 印 者：北京诚信伟业印刷有限公司

开　　本：787mm × 1092mm　1/32　　印　　张：7.75　　字　　数：150 千字
版　　次：2021 年 4 月第 1 版　　印　　次：2021 年 4 月第 1 次印刷
京权图字：01-2020-0048
书　　号：ISBN 978-7-5217-2810-1
定　　价：39.00 元

“在 3 天内列出 1 万条与经营相关的要素”

1998 年我加入软银集团，当时 25 岁。作为孙社长的助理，我的职责应当是孙社长走到哪儿我就跟到哪儿。

然而，我进公司后的第一项工作并不是拎包。孙社长给我的第一项任务是制作报告。

孙社长对着刚进公司的我这样说道：“在 3 天内列出 1 万条与经营相关的要素。”

1 万条这个数字已经很吓人了，而更吓人的是期限。孙社长只给我 3 天时间，平均计算下来就是每天 3 333 条。我必须在 72 小时内列出 1 万条与经营相关的要素。

这是我进入软银集团后面临的第一个考验。

对于一个刚刚步入社会的 25 岁的年轻人来说，怎么可能那么轻松地就想出 1 万条要素？不过话虽如此，该做还是得做，于是我开始奋笔疾书，把我能想到的经营要素一条一条地全部列出来。

我姑且把自己能想到的都写下来，可尽了最大的努力也只列出了 500 条，而且再多一条也想不出来了。脑子完全就像一块干抹布，再怎么挤也挤不出一滴水来。

“糟糕！”

这样一来，我刚进公司就会被贴上“没用”的标签了。可我真的不知道该怎么办，到了晚上依然没有进展，我彻底束手无策了。

我需要的是“结构化”

那么，最终我是如何渡过这个难关的呢？

在急出一身冷汗之后，我终于顿悟了，我所得出的结论就是：只是想到什么就写什么是不行的。

在 3 天时间里列出 1 万条要素不是一件简单的事情。列出 1 万个词就跟编写《经营辞典》一样，绝不是单靠把自己头脑中想到的要素全部罗列出来就能实现的。

这个时候需要的是“结构化”。

发现这一点之后，我首先将经营作为一个大项，列出了与经营相关的 10 个细分领域，比如“竞争战略”“财务”“会计”“组织”等。

然后，我再针对这10个细分领域分别列出10个中项。10×10=100，这样就列出了100个项目。

接着，我再针对每个中项分别列出100条要素。10×10×100=10 000。

就这样，我成功地在3天内向孙社长提出了1万条经营要素。

这1万条要素打印出来有数十页。在那之后的一段时间里，孙社长一直把这几十页报告随身携带，可能是为了随时检查所有的经营要素、决定工作的优先顺序或思考对策吧。

而正是平日里这种细致的检查，成就了软银集团的强大，我在感慨的同时，也似乎掌握了这个公司制作报告的窍门。

磨炼数据感

然而，现实没有那么简单，我经受了一次又一次的考验。

孙社长对于制作报告有着非比寻常的执着。“看到正确的数据，就能做出正确的判断。”这就是孙社长的想法。换言之，采用适当的形式，记录正确的数据及其依据的报告对于解决问题是必不可少的。

孙社长要求员工随时设定预测值并关注数据，尤其是对身为社长办公室主任的我，要求标准就更高了。如今回想起来，我依然感慨当年孙社长的严格要求，不禁想给经受重重考验并且坚持下来的自己点个赞。

举个例子。现在要汇报商谈的结果，如果你只是汇报说“事情结果如何如何”是肯定行不通的；如果你的书面请示材料最后只是说“会进行讨论”，却没有指出接下来的工作该如何推进，那也是绝对不行的。这样的报告马上就会被孙社长扔掉，我做的报告都不知道被他扔过多少回了。

常见的那些“经验”完全用不上，但凡有一丁点儿含糊的地方，就会被毫不留情地指出来。最厉害的是，孙社长指出来的确实都是我含糊其词的地方。“模棱两可”这类行为对于孙社长是行不通的，我将这一点铭记在心。不管是销售报告、策划案，还是演示报告，模糊的定义、模糊的单位、模糊的解释都是不被允许的。

此外，不管是多么实质性的报告，如果孙社长看了之后不能马上理解，根本就不会看下去。我提交的报告究竟有多少是孙社长看了一眼就没再看第二眼的呢？现在回想起来依然感觉脸上火辣辣的，当真是羞愧难当。就算当时年轻，也着实不该做出那么差的报告。

孙社长每分每秒都在与时间赛跑，根本没有空慢悠悠地仔细看报告。给他提交的报告，必须能让他立刻明白所要传达的信息。你的报告只有 10 秒钟的机会，扫一眼能否把握内容，能否领会实质，胜负就在这 10 秒之间。

这一点绝不仅限于管理干部。

在制作报告方面，公司里所有人都经历过千锤百炼。我们要培养和孙社长一样的“数据观察能力”，掌握软银图表制作方法和培养演示能力，让自己的报告可以在短时间内说服别人。

于是你会发现，软银的所有人都自然而然地将软银式的图表工作方法变成了自己的一项技能，并用以处理每天的工作。我亦如此，不知何时，制作报告这项技能已然成为我身体的一部分，连我自己都为此感到惊讶。

掌握有关制作报告的基本思想，抓住窍门，不断积累经验，在此过程中，每个人都将学会理性地正视客观反映情况的数字，从数据中找出问题的关键，并整理成报告。然后提出假设，加以验证，并利用结果指导下一步行动。

没错，这就是软银集团强大的根源所在。

适用于任何公司、任何人

这本书总结了我为解决孙社长抛出的课题而创造的，以及我直接从孙社长身上学习到的软银图表工作法。

当时的我还是个 25 岁的年轻人，软银集团也还不是什么大企业。由此可见，我所总结的软银图表工作法什么人都可以用，什么样的公司都可以用。只要你想，任何人都能掌握。我可以非常自信地说，它的应用范围是极其广泛的。

之所以这么说，是因为软银图表工作法一点儿也不难。无关公司的规模、历史和行业，无关个人的年龄和经验，事实上，就连当初总是被孙社长责骂的年轻的我，都掌握了软银式的图表工作法，并在后来的日子里成功地将其应用到各类案例中，取得了一定的成绩。

例如，网络广告公司爱德威在基层应用这种方法后，使低迷的业绩得以恢复，成功摆脱赤字，股价也猛涨到过去的 10 倍。

成功的案例不仅限于民间企业。

例如现在由我担任理事的日本年金机构，其年金咨询窗口的等待时间以及客服中心的回复率也得到了大幅度的改善。日本年金机构的前身是社会保险厅，其回复率之低曾一度成为社会问题。但该机构通过制作报告，明确问题的关键，最终找到了解决问题的办法。

后经改善，回复率得到了显著提高。我认为，如今抱怨“年金咨询窗口的电话总是打不通”的声音已在减少，这也是采用软银式图表工作法后所取得的成果。

如上所述，只要引进软银式图表工作法，并将其变为自己的技能，就能辨明问题的关键，明确下一步该做什么。而掌握了这些以后，接下来的事情就好办了，业绩肯定会有所提高。

也就是说，你的公司也可以变得像软银集团一样。大幅提高业绩，引导企业步入成长阶段，这是可实现的未来。

正面范文与反面范文

在这本书中，我会对10类报告进行说明。从业务处理报告、销售报告、会议记录到策划案，我会将制作频率较高的，以及提前掌握制作技巧会对大家有所帮助的报告掺杂在一起进行说明。

对于大多数案例，我都会在列出反面范文及其问题后，介绍软银式的报告范文及思维方式。大家读完后就会发现，反面范文没有反映出任何实质问题，整体上含糊不清。这种报告看起来毫无价值且人畜无害，实际上性质更为恶劣，因为它隐藏了问题的关键，耽误了问题的解决。

而在软银式的报告中，含糊不清是不被允许的。它必须清楚地反映实际情况，从而明确问题。换言之，软银式的报告会将你自己不想看到的、不想接受的现实全部清晰地反映出来，毫不留情，极为严苛。

而只有掌握了问题的关键，才能有针对性地采取解决及改善对策。接下来要做的就是思考如何解决已明确的问题，建立假设并加以验证。

当然，工作中需要制作的报告不止这 10 类，你将需要随时制作多种多样的报告。

但是，无论制作什么样的报告，关键点不会改变，那就是消除模糊不清的表达，进行明确定义，承认事实，通过数据清晰反映问题本质，找出改善点。

只要理解制作报告的实质并付诸行动，就没有解决不了的问题，问题一定会被战胜。

不论传统企业、新兴企业，还是计划创业之人，软银式图表工作法的思维方式对任何人都有用。希望大家可以先从这 10 类报告开始学起，掌握软银式图表工作法的思维方式。

年轻时的我是制作报告的差等生，连我都可以，足见这种方法不难，一般人都可以学会。我向大家保证：你们也一定都能变身为制作报告的优等生并做出成绩。

三木雄信

目录

报告案例4 项目管理型会议记录

在一张A4纸上创建一看就懂的“结构”

报告案例5 项目管理表

以负责人为单位，对工序实施简单管理

特别附录 **制作报告的关键**

从报告的准备、构成到各种图表的制作方法

报告案例 1

业务处理报告

利用群管理找出瓶颈

一起学习“群管理”

在报告案例 1 中，我首先要对“群管理”方法进行说明。

我想可能很多人压根没有听过“群管理”这个词，所以我先简单地说明一下。所谓“群管理”，就是将某个连续的、一系列的业务按照周或者月等时间单位划分，将每个单位作为一个“群”进行管理的方法。这是将制造业中按生产批次管理产品的方法应用于服务业及业务运营的一种构想。

在这里，就让我们以英语口语培训机构为例，检验一下“群管理”的有效性。

这家英语口语培训机构近来采用派发传单的形式，试图招收更多的新学员。在派发传单后，咨询量顺利增加，报名人数也不断增多。

但是不知道为什么，销售业绩并没有得到相应的提升。从业务处理报告来看，表面上似乎没有任何问题，但销售量就是上不去。本应该提升的业绩没有提升，且找不到原因，这究竟是为什么呢?

如果使用“群管理”方法，立刻就可以解开这个谜团。

请大家看图 1-1，这是一份业务处理报告，其中以周为单位，对英语口语培训机构的报名等相关情况进行了统计。

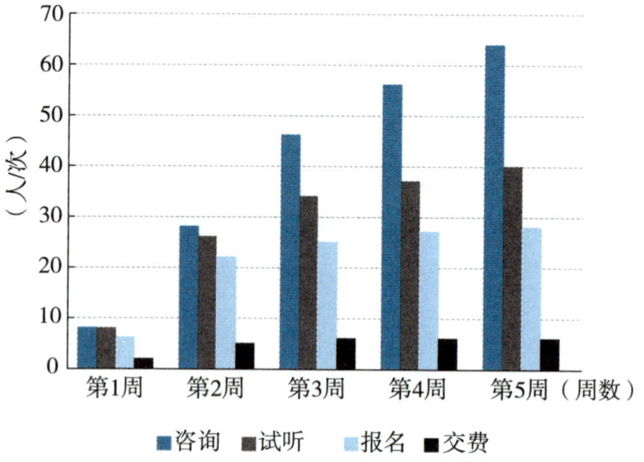

图 1-1 报名等相关情况统计

该英语口语培训机构的招生对象从孩子、年轻人到老年人，涵盖各个年龄层。客户看了传单或网页上的宣传后，如果对课程感兴趣，就会联系培训机构进行咨询，并先免费体验试听课。在确认了授课方式及教师的教学能力后，如果感觉可以，就会办理报名手续，交纳课程费用，决定入学并开始上课。在这个图中，将报名者分成了咨询、试听、报名、交费这 4 种状态，以周为单位显示了各种状态下的人数。

这看上去就是那种很常见的报告，大家可能觉得并没有什么问题。

然而，实际的销售业绩并没有增加。不知大家有没有发现，这个图存在非常大的缺陷，它反映的是，随着时间的推移，报名等相关情况存在致命性的问题，但找不出销售量低迷的原因。

那么这个缺陷是什么呢？那就是它在报告报名等相关情况时，使用的是包括上周数据在内的累计数据。实际上，图 1–1 中每周的数据并不仅仅是当周发生的数据，而是与上一周数据加在一起后的累计值，因此无法反映实际情况。

累计柱状图无法抓住问题的本质

这家英语口语培训机构为了招募新学员，从 7 月第 1 周开始派发传单。图 1–1 使用累计柱状图表示了自第 1 周之后报名等相关情况的人数变化。

正如大家所看到的，派发传单的效果可谓是立竿见影。第 1 周的咨询数仅有 8 次，而第 2 周就增加到了 28 次，体验试听课并报名的人数超过了 20 人。虽说已经交费的只有 5 人，但下一周交费的人数有望进一步增加。

然而，第 3 周交费的人数没有大幅增加。不仅如此，报名人数也停止增长。咨询数虽不及刚派发完传单后的第 2 周，但从数据上看还是增加了 18 次，由此可见派发传单肯定是起到了作用的。

尽管如此，站在销售业绩的角度来看，结果仍令人失望。

第 4 周、第 5 周的咨询数看上去依然在增加，第 4 周的累计咨询数为 56 次，第 5 周增加到 64 次。但是，体验试听课的人数仅有 40 人，交纳课程费用的人数仅有 6 人，销售业绩基本上没有得到相应提升。

看了这个图，如果大家认为“只是存在时间差”，或者“传单也发挥作用了，试听课的体验者也增加了，所以估计不久之后签约交费的人数也会增加的”，那就太过乐观了。

实际情况更严峻，出现的问题非常严重。“等过一段时间就会有人交费吧”，这是无视现实的天真想法，没有试图抓住问题的本质。要想看清问题的本质，仅有按状态分类的柱状图是不够的，还必须制作以周为单位的堆叠柱状图，明确每种状态下的数量以及构成比率，观察时间序列数据的变化。

按照时间序列变化观察“群”内的数量

制作图 1–2 和图 1–3 的目的是找出这家英语口语培训机构的问题。

图 1–2 以百分比的形式反映了每周报名等相关情况，图 1–3 则通过数量表示。图 1–2 的这种形式更容易让人看出各种状态的构成比率。按每周咨询数为 100 次计算时，其中有百分之几的人体验了试听课？尚未交费但已经报名的人在整体中占多大比例？已经正式交费的人占百分之几？这些都在图 1–2 中被清晰地呈现出来。

图 1–2 和图 1–3 的重点在于它们不是累计图表，而是以“周”为单位进行划分，反映当周各种状态的实际情况。图 1–1 是单纯地将报名数和交费数等加在一起，而图 1–2 和图 1–3 则是明确地反映出一周内的情况，也就是以“周”为单位掌握实际情况。这就是“群管理”方法。

大家从图 1–2 中可以看出：在第 1 周进行咨询的人当中，有 25% 的人体验了试听课但没有报名；体验了试听课、办理了报名手续但没有交费的人数占 50%；完成交费的人数占 25%，即咨询者中有 3/4 的人报名参加该英语口语培训机构。从数据上看，情况还是不错的，我们称其为“第 1 周群”。

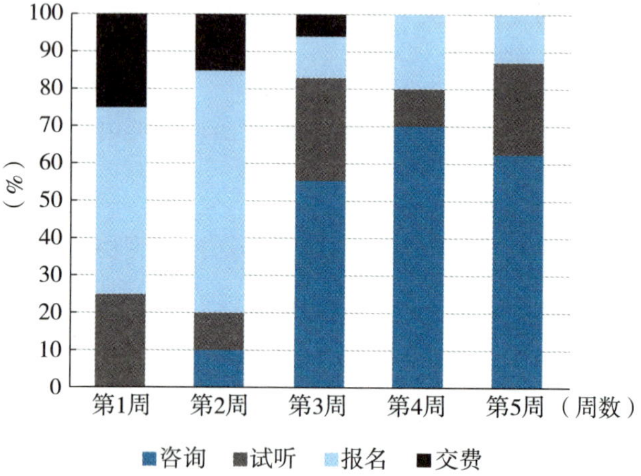

图 1-2 报名等相关情况统计

注：按每周咨询数为 100 次计算时，当周各种状态的构成比率。

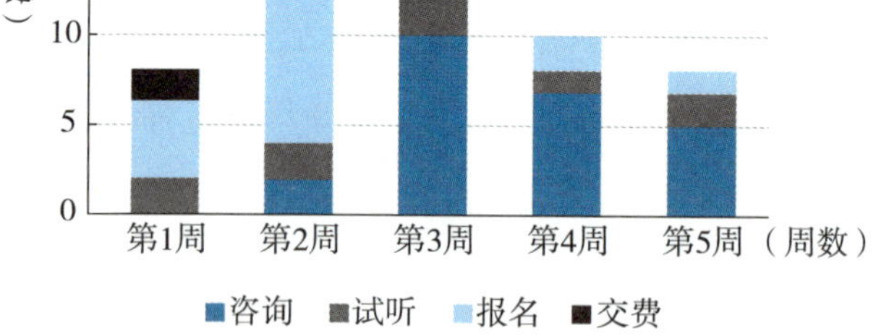

图 1-3 报名等相关情况统计

接下来让我们将目光转向派发传单后的第2周，即第2周群。

在第1周，只是咨询但没有体验试听课的人数为0，但到了第2周，此类人数占到了10%。体验了试听课但没有报名的人数也同样占比10%，而咨询后体验了试听课并办理了报名手续的人数占比上升到了65%，再加上完成交费的人数，占比达到了80%。可以说业务进展得很顺利。

但是，大家应该已经注意到了，在第3周群中情况发生了显著的变化。咨询后别说报名了，连试听课都没有体验的人数已经超过了50%。这种情况下，销售业绩根本不可能提升。

第4周群情况更加凄惨。咨询后没有下文的人数竟然占到了70%，体验试听课的人数比率依然停留在10%，交费人数为0。也就是说，这一周根本没有销售业绩。

到了第5周群，情况稍有好转，体验试听课的人数比率有所增加，但依然仅占25%，交费人数依然为0。

第2周到第3周之间，到底发生了什么？为什么咨询后没有下文的人这么多？如果这个原因不查清楚，是很难提升销售业绩的。

也就是说，在基于累计数据制作的图1–1中无法看清的实际情况，在图 1–2 和图 1–3 中被清晰地呈现出来。这是以“周”为单位重新统计数据的结果。按群划分的业务处理报告就像“放大镜”一样，可以让人清楚地看到真实情况。

瓶颈在于教师人数

从结论来说，仅是进行了咨询，而后没有体验试听课的人数之所以这么多，是因为可选的试听课太少了。

由于少了一名负责课程的教师，很多人想体验试听课，却因时间不合适而不得不放弃。

我希望大家思考一下。假设人们看到了写着“招募试听课体验者！”的传单，感觉对英语口语培训机构很有兴趣，于是打电话想要报名体验，结果却发现课程表上没有能满足自己需求的试听课，会不会认为这家英语口语培训机构很差劲呢？如果有客户在咨询之后产生诸如“这所学校如此打击学员的积极性，就算去那里学习英语口语，能力也不可能提高”“他们没能顺利招聘到优秀的教师，可能因为经营情况不好吧”一类的怀疑，也不足为奇。

总结起来就是，对于特意打电话或者在网上报名的这些采取具体行动的潜在客户，英语口语培训机构没有准备充足的试听课，从而导致销售业绩低迷。照此下去，大约 60% 的咨询者将无法体验试听课，如果恰好这时候其他公司开展宣传活动，那这部分潜在客户就很有可能会去其他机构。

进行咨询的人都是对英语口语感兴趣、对这家机构感兴趣的潜在客户。如果他们体验了试听课，报名的概率应该会有所提高。然而，这家机构没能很好地把握机会。

不过，在按周群分组制作图表、明确了问题后，这家英语口语培训机构迅速采取了措施，比如让教师加班、要求总部派遣以英语为母语的教师、增加体验课的数量等。正是因为知道了这些问题的所在，才可以通过“补充人员”的形式，解决问题。

改善后的这家机构，没有再辜负咨询者的学习热情和兴趣，保证在 1 周内为咨询者安排试听课。最终，课程结束后办理报名手续的人数增多了。如今这家机构的收益已经实现平稳增长。在消除了阻碍销售业绩提升的瓶颈后，新学员的人数预计会增加近一倍。

累计隐含问题

图 1–1、图 1–2 和图 1–3 是基于相同数据所制作的图。

然而，图 1–1 并没有呈现出问题，我们在看了图 1–2 和图 1–3 后才找出了问题。

之所以会这样，是因为累计数据隐藏了问题。从按照咨询、试听课、报名、交费这 4 种状态分类、累计计算各状态数量的累计柱状图中，无法看出在新的一周里出现了怎样的问题。

在第 1 周和第 2 周，负责试听课的教师人数是充足的，但从第 3 周开始出现不足。由于累计数据会将进展顺利时的数据也包含在内，因此无法一眼看出这个问题。这是非常可怕的，是累计的负面魔法效果。

想要看清真实的情况，最好的选择就是不要累计。在按照一定的时间顺序处理业务的情况下，必须要把某一周所发生的事情单独抽取出来进行群管理，这是划分多个流程处理业务的过程中最为重要的事情之一。

不能单纯地将业务的处理数量罗列出来，而是要在考虑时间的基础上，发现业务的瓶颈，否则是无法解决问题的。我们可以以累计数据为基础制作报告，但仅仅这样是不够的。如果只有累计数据报告，绝对无法掌握现在这个时间点的进展情况顺利与否。

不仅适用于产品制造，亦可适用于服务

群管理方法属于经营方法的一部分，是在分流程作业时找出瓶颈的有效方法。

我们就拿汽车工厂来做一个简单易懂的例子。

工厂里大致的制造流程为使用钢板加工底架、加工车身、安装方向盘、完成涂装，最后出货。实际的流程划分更为细致，但此处我们只选取主要的部分。

为了弄清楚哪个流程存在瓶颈，就需要按照时间序列对各个流程进行分析。为此，就要列出每周的明细，这就是群管理。

是底架的生产线有问题？是方向盘的安装过程不顺利？还是涂装过程中发生了问题？如果不明确哪个流程存在问题，放任不管，产量就会进一步下降。问题越堆越多，有可能很快就会引发致命危机。

如果一直不消除瓶颈，最初也许能靠剩余生产力勉强弥补，但应该不会持续太长时间。过不了多久，这种做法就行不通了。

然而，如能尽早找出问题，也就能尽早解决，可以避免发生重大问题。

群管理方法在汽车生产等产品制造过程中应用极为广泛，但它同样也适用于前面讲到的英语口语培训机构报名这种非物质形态的服务过程，这一点希望大家一定要知道。

服务也要有产出率意识

我尝试着对群管理业务处理报告的表达要点进行了总结。

大家可能想不到，最容易被忽略的竟是要点 1 的状态定义部分。至今为止，我已经看过太多太多在状态不明的情况下制作的业务处理报告了。

特别是处理对象为看不见的“服务”时，没有明确定义且没有就定义达成共识的情况非常多。每个人依靠自己的技能分散作业，每个人对状态的定义各不相同。

在这种情况下，即便想要调查进度情况，也根本无法掌握业务究竟进展如何。若想准确把握进度情况，首先就要明确定义。

以英语口语培训机构为例，在制作业务处理报告前，必须要先明确“咨询”和“报名”状态是指怎样的情况。“试听课”状态是什么意思？是指报名参加试听课呢，还是指已经体验完试听课？

群管理业务处理报告

表现要点在这里！

要点 1 定义状态

要点 2 基于输出成果明确状态

要点 3 不看累计，要看群内的数量

要点 4 按照时间序列观察变化

要点 5 同时采用百分比与实数两种表现形式，一张幻灯片一条要点

关于要点 3 的累计我想先说明一点，我并不是完全否定累计的报告。累计和群不是相互矛盾的，不是说累计不好只有群好，而是说以周为单位进行群管理最为简单易懂。

累计的报告绝对无法成为主角，我们可以将其视为一种辅助性的存在，因为有群管理，它才得以发挥作用。

关于二者之间的关系，大家可以想象一下我刚刚提到的汽车工厂，这样就容易理解了。在累计的报告中，我们看不出每个流程的产出率。而以周为单位确认产出率，将会促使转化率整体得到改善。

向英语口语培训机构咨询后却没有进一步行动的客户，就相当于汽车工厂中的不良库存。在这个培训机构中，由于试听课少，努力争取来的咨询者变成了不良库存。这种情况如同在汽车工厂中生产了很多的底架，但由于下个流程的生产力不足，底架成为积压库存。

客户好不容易来咨询，学校却无法提供充足的试听课，在这种情况下报名人数不可能会大幅增加，没有人会不体验试听课就直接办理入学手续并交学费。

换言之，不增加试听课的体验人数，入学人数就不会增加。若想提高整体生产力，即增加交费的学员数量，最好的解决对策就是针对试听课这一环节实施改善。

如要点 5 所示，报告中最好同时采用百分比与实数两种表现形式，而若论优先顺序，则还是百分比更为优先，实数可作为过往数据进行标注。这一点做起来应该一点儿也不费事，希望大家优先采用百分比形式。

以汽车工厂为例，百分比就相当于厂商所关注的产出率，对于制造产品的厂商而言，提高产出率可谓是最为重要的课题。在报告中体现出某一制造物在下一流程中剩余的百分比是非常重要的。

关于同样是“一张幻灯片一条要点”的要点5，我将会在后文中进行详细论述。希望大家在做总结报告时，采用“一张幻灯片一条要点”的基本形式，让听众不需要思考，一眼就能掌握报告内容。

实现资源的计划分配

我从经营的角度，总结了采用群管理方法制作业务处理报告的优点。

在英语口语培训机构这一案例中，由于培训机构尽早发现了试听课数量不足这一问题，因而加强教师队伍建设，最终成功地提高了销售业绩。因为知道哪里存在不足，才成功地实现了资源的计划分配。

这种群管理方法的应用范围十分广泛。例如对于2014年暴发的震惊世界的、至今尚未被根除的埃博拉病毒疫情，也可以使用这种群管理的方法。

群管理业务处理报告

经营方面的优点在这里！

优点 1　可以尽早发现问题

优点 2　发现瓶颈，增加整体产量

优点 3　利用各流程的数据化，实现资源计划分配

优点 4　通过数据化实现改善

过去曾有消息称埃博拉病毒的致死率是 50%，但在对 1 个月前感染埃博拉病毒的患者的后续情况进行观察后，人们认为其实致死率可达 90%。之所以会传出致死率 50% 这样的消息，是因为在时间推移的过程中没有对分母进行群管理。

如果使用累计数据，经过1个月后分母就会翻倍。分母增大，致死率就会下降，故而才让致死率50%的消息不胫而走。

若将上个月感染埃博拉病毒的患者和这个月感染埃博拉病毒的患者分开统计数据，得到的致死率将更加接近真实情况。如果当初可以获得更为真实的致死率，或许就能采取更严格的手段进行遏制。

运用雅虎BB[①]的群管理方法

当年雅虎BB收到大量申请，但开通工程大幅延迟，为此引起了全社会的广泛关注。我就是在那个时候想到了这种群管理方法。

2001年6月20日，软银集团面向全日本的用户宣布，开始接受雅虎BB宽带服务的预约申请。此事在当时的日本社会引起了极大反响，相信很多日本人对此还有印象。

宽带连接费用为每月990日元，互联网服务提供商的服

① 雅虎BB：由雅虎（Yahoo）日本公司和BB Technology公司联合组成的服务提供商，是日本最大的宽带服务提供商。——编者注

务费为每月 1 290 日元，合计每月 2 280 日元，低于市场价格的一半，这种收费定价展现出了巨大的市场吸引力。刚刚开始受理业务，申请就纷至沓来，申请量迅速突破 100 万大关。

但是，售后服务能力没能跟上急速增加的申请量。售后服务现场从一开始便极为混乱——无法联系、连接不上、没收到调制解调器等，投诉接二连三。售后服务部门真正陷入了投诉风暴，由于当时仅通过电子邮件提供服务，大量邮件蜂拥而至，邮箱存储空间瞬间就爆满了。

2001 年 10 月，仅通过电子邮件提供售后服务的软银集团决心解决问题，开设客服中心，而此时距离开始受理业务已经过去了 3 个月。

电话被打爆了！

但是，混乱还在继续。

至今我依然清楚地记得，10 月里的某一天，软银集团总公司的所有电话在同一时间响起，没等到邮件回复而急不可耐的用户将电话打到了总公司。

很多用户都是一开始先拨打客服电话，发现打不通，于是就拨打跟客服电话差一位数字的第二客服电话号码，发现还不行，便拨打下一个差一位数字的电话号码，再拨打下下个差一位数字的电话号码……由于用户们不停地拨打电话，整个公司都被电话铃声淹没，公司里的所有人都不得不去处理投诉。

这样一来，所有人都没办法开展日常业务。如今回想起来此事，我依然心有余悸。

也就是在那个时候，这一问题在社会上引起了广泛关注。用户们被雅虎 BB 打破常规的费用价格所吸引，并申请办理业务，却不知道要等到什么时候才能享受服务，于是非常愤怒。当时的软银集团已然陷入了被全社会批判的风暴之中。

软银集团开始意识到这样下去是不行的，于是在 2001 年 11 月 1 日对客服中心的临时对应窗口进行了整顿。在官网上发布公告，宣布开设名为极速雅虎的电话窗口。不出所料，开设当天就有超过数十万通电话蜂拥而至。

但是，接线员的应答率仅有百分之几。客服中心最初设想的都是技术层面的咨询，但实际打来的电话多是咨询基本业务的，单次咨询的应答时间非常长。

因此，每通电话的通话时间都长于预期，接线员根本无力应答蜂拥而至的电话。最后的结果就是虽然开设了客服中心，但电话应答率（已接听电话在呼入电话中所占的比率）没有得到改善，宽带服务从申请到开通需要花费两周的时间，用户的愤怒完全没有平息的迹象。

在形势最为混乱的时候，我只负责宽带服务的最后一个环节——收费。我将费用中心置于管理本部的管辖之下，对业务流程进行检查确认。若是拿刚刚的英语口语培训机构的例子来说，这项工作就相当于其中的交费环节。

虽然是预料之中，但费用中心收到的投诉之多还是让我一筹莫展。在各种各样的投诉中，数量最多的是计费错误问题。

为什么会有这么多计费错误呢？调查后发现，原因在于客服中心。并非系统的问题，而是用户和客服中心之间的沟通不够明确，存在问题。

在收费之前，会经过“申请宽带服务”“向 NTT（日本电报电话公司）提交线路申请”“在 NTT 内施工”“到用户家里安装”“开通”等几个环节。但在这几个环节中，用户与客服中心之间的沟通记录未被反映到收费结果中，由此导致出现计费错误。

于是，我首先进行了明确的环节定义，然后决定分母，进行群管理。

也就是说，将申请服务作为起点，弄清楚其中有百分之几的人已经向 NTT 提出了申请，同时完成了室内施工并已正式开通服务。

如此一来，各种问题纷纷浮出水面。比如：在收到调制解调器的人中，只有 60% 左右的人实际连接了；有人搞不好会等上小半年；有人不知道连接方法；有人因为不知道线路的用户名，所以一直无法办理业务等。

各自起点不同，却将问题累积总结在一起，会导致无法看清实际情况，因此才要首先确定新环节的分母。

只要明确用户现在属于哪个环节并留下记录，就不会再出现错误计费。不会再有用户刚向 NTT 提出申请就被要求交费等情况发生。

像这样采用群管理方式管理业务流程后，问题迅速减少。由于已经掌握各环节所需时间，故而更易于制订改善计划，同时缩短了从申请到开通之间的时间。

费用中心在短时间内实现顺利运转的成功模式被运用到了 2003 年开设的真正的客服中心。从 2003 年 3 月起，我开始担任客户服务综合负责人，成为客户售后服务的一线总指挥。

不用说大家也知道，我运用了在收费环节发挥作用的群管理方法，针对每个环节，一个一个地消除瓶颈，最终使雅虎 BB 步入正轨。

“特别便年金”的处理也迅速得到改善

现在由我担任董事实施业务改善的日本年金机构也采用了这种群管理方法，并已取得很大的成效。

2009 年，我开始负责“特别便年金”回复信件的处理业务。为了掌握现状，我听取了相关方面的意见。由于当时业务中心每个月的处理能力仅有 13 万件左右，而未处理的信件已经超过 500 万件，因此我将某地方社会保险事务局自行构建的数据库应用系统引进到业务中心，与受托机构在业务上实现合作共享。

具体来说，就是将业务分解，定义为受理 / 打印 / 分类、记录调查、记录审查、回答处理 4 个环节，实施条形码管理，实时掌握各业务环节的进展情况。

这样做以后，处理能力将快速提高，“特别便年金”不断朝着解决问题的方向迈进。现在“特别便年金”的处理基本上已全部结束。

重点就是确定状态并实施群管理。只要确定状态，就能轻松制作出报告，还可以实现 POS（销售时点信息）系统化。

群管理就是这么有效的经营方法。考虑时间流，将业务进展情况数据化，就一定可以找出瓶颈。接下来就可以一心一意地消除瓶颈了。希望大家务必将汽车工厂生产线那种严格的群管理有效应用到日常业务中。

报告案例2

销售报告

“居高临下”掌握经营的实际情况

未达成预算目标的原因在哪里

在报告案例 2 中，我将为大家介绍销售报告。基本上所有公司都会制作销售报告。此处，我们以一家销售软件包的公司为模型，这家公司的业务不只是销售产品，其业务模式为销售产品、常驻客户现场、承包软件应用业务。

采用这种业务模式，除软件本身的费用外，每月还收取维修费，能够获得固定的销售收入，从这一点来看是非常不错的。这家公司长期以来一直采用这种形式经营业务，业绩得到稳步提升，但如今遇到了一点儿小问题，4 月以后，经营状况一直不太好。

请大家看表 2–1。

从负责人提供的数据来看，4 月和 5 月总算超过了预期目标，而到了 6 月仅是勉强达成目标，7 月最终未能完成目标。不过虽说 7 月未达成预期目标，但距离目标仅差 1 000

万日元左右，并未对公司造成沉重的打击，不过最好还是尽早采取些措施予以应对。

表 2-1 销售月报 （百万日元）

月份	预算	实际业绩	概要
4 月	1 000	1 145	D 公司 430、A 公司 260 B 公司 230、其他
5 月	1 050	1 125	D 公司 430、C 公司 380 E 公司 130、其他
6 月	1 100	1 110	C 公司 380、A 公司 330 E 公司 250、其他
7 月	1 150	1 140	C 公司 380、A 公司 340 E 公司 250、其他

表面上看不出有什么影响经营的问题，但肯定出现了某些显著的变化。那么，这家公司现在究竟处于怎样的状况呢?

不合格的销售报告实例

扫一眼表 2-1，我们只能看出预期和实际业绩的关系，实际业绩的明细部分却难以理清。另外一个问题就是表中虽然罗列了 A 公司、B 公司、C 公司等每家客户的数据，但从中很难掌握时间序列数据的变化。“这个月已经达成预期目标”“这个月未达成预期目标”，能看出来的只是这样的结果。

这是不合格的报告范例，没有呈现出任何问题。

记录了实际业绩的总值，却没有记录每家客户的构成比率，对于销售报告来说，这也是致命缺点。没有合计数据、没有百分比数据、不知道“其他”中包括了多少家公司。符合上述任意一条的，老实说，都不能算是合格的报告。

表 2–1 最大的问题在于，即便了解了每月的增减情况，也很难掌握整体走势。如今这家公司处于怎样的状况？存在什么样的问题？可以说，想要从这个报告中掌握这些情况是不可能的。

这种销售报告很有可能是制作者在无伤大雅的前提下，挑选了一些看起来比较好的数据，也可能是下属试图隐瞒某些不太好向上司汇报的现状。即便不是有意隐瞒，或许也是想用比较委婉的方式来表述实际上很糟糕的状况。

不管怎么说，有一点我敢肯定，无法清晰地看到实际情况的报告是很危险的。

好看却无法正确掌握实际情况的柱状图

不管怎么说，近年来仅靠这种图表完成销售报告的公司已经越来越少了，但是依然有很多公司觉得只要有像图 2–1

那样的柱状图就没有问题了。

对比预期和实际业绩的柱状图的确是很常见的报告。乍一看似乎没有任何问题，我们可以看出每月的预期及实际业绩的情况，从而把握实际业绩的明细。另外，柱状图会使用多种颜色，看上去也很美观。

A 公司、B 公司、C 公司、D 公司、E 公司，分别用不同颜色（实际图为彩色打印）来显示各家公司的数据，业绩是在减少还是在增加，一目了然。

大家可以看出，从销售收入中各公司的构成比率来看，7 月的构成比率相比 4 月发生了非常大的变化。4 月占比最高的 D 公司，到 7 月时变成了几家公司中占比最低的。而 A 公司、C 公司、E 公司的构成比率有所提高，3 家公司增加的部分弥补了 D 公司减少的部分。这些也都可以通过这个图进行确认。

但在这幅图中，我想特别关注一下 C 公司的“显著变化”。大家有没有发现，C 公司的销售收入构成比率从 5 月开始突然提高。这个陡增背后肯定是有原因的，然而我们无法从这个图表中找到原因。

换言之，从这个柱状图中我们可以掌握的就是“4 月、5 月勉强超过了预期目标，但 6 月开始预期目标达成情况出现异常，7 月份最终未能完成预期目标”这种很笼统的趋势。

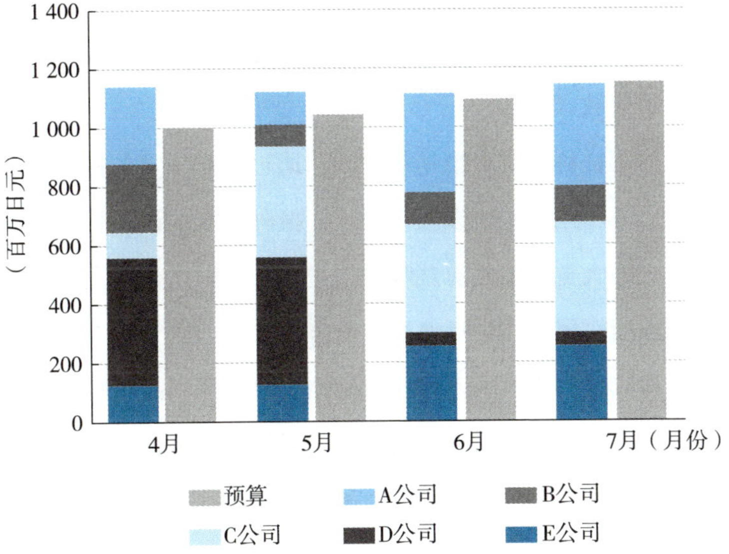

图 2-1 销售月报

与前面的表 2-1 不同，我们从图 2-1 中可以看出“夏淡季趋势”。或许也有人单凭图 2-1 就能察觉出 C 公司和 D 公司发生了某些“显著变化”。从这个角度看，图 2-1 要比表 2-1 好很多，但即便如此，也不能说它准确地反映了实际情况。

为什么呢？因为它没有反映出对于掌握公司现在所处状况来说最为重要的“销售收入种类”。

掌握持续性销售收入与暂时性销售收入的发展趋势

销售收入绝不可一概而论。它分为持续性销售收入和暂时性销售收入两种。

前者被称为平台型销售收入，通过建立一定的机制，之后什么都不用做也可以获得收入。换种极端的说法就是，即使天天睡大觉，依然有钱哗哗地进账。虽不是什么大钱，但源源不断，属于“牛唾液型”销售收入。

持续性销售收入不像暂时性销售收入那样高调吸睛，但稳定可靠。虽不是引人注目的大笔金额，但每个月都一定会有稳定的进账，故而能保证公司的基础实力不动摇。

要想了解公司的坚固性、稳定性和基础实力，最重要的就是要知道持续性销售收入在整体销售收入中所占的比例。为此，必须先要将持续性销售收入与暂时性销售收入区分开来。

即便确保了暂时性销售收入，把账面收益额抬到很高，最终也不过是粉饰数据，只能应付一时。它无益于公司的稳定与发展，类似于一种烟雾弹。了解持续性销售收入与暂时性销售收入的变化，掌握其发展趋势是非常重要的，也是制作销售报告时首先应该重视的一点。

当下属把图 2–1 这样的报告交给你时，你最好盯着他，好像在说“你很可疑”。他很有可能有所隐瞒。从这种销售收入报告中，你可以窥见一种“逃跑姿态”，就如同你问“× × 这件事情怎么样了？”，然后对方回答你说“没有问题”一样。“没有问题”是这个世界上最不靠谱的回答，它不代表任何具体的意义。什么事情没有问题？现在进展到什么程度？你完全不知道。如果你的下属回答你说“没有问题”，那么你就要注意了。你应该怀疑他可能对某些糟糕的情况视若无睹，隐瞒某些对他极其不利的事实。

不要陷入“82kg 理论”

话题可能有些跳跃了，不过我还是想拿我的体重来举例。我最近有些发胖，体重最终突破 80kg，涨到了 82kg。

正当我感觉大事不妙的时候，我的妻子问道：“你最近是不是胖了？现在体重多少？”

对于这个极不情愿被碰触的话题，我不假思索地回答道：“是胖了。刚刚过 80kg 吧。”

从这个回答中透露出了我不想正视事情本质的“逃跑姿态”。“刚刚过 80kg”这个回答不算撒谎，但也不是事实。

如果只是 80.2kg，你也不能说这个回答不妥。但实际上我的体重已经 82kg 了，它已然超出了“刚刚过 80kg”的范围。

尽管如此，我依然含糊其词地回答说“刚刚过”，就是因为我不想正视事实。“刚刚过 80kg”这个回答如实地反映了我不想正视实际情况，试图将视线从现实中移开的“逃跑姿态”。

如今的商业领域，这种带有明显“逃跑姿态”的报告随处可见，刚刚列举的表 2–1 和图 2–1 正是所谓的“逃跑报告”。

不能说是撒谎，但也绝不是事实，而是没有准确反映实际情况的、含糊不清的报告，是需要花时间才能掌握内容的报告。说白了，提交“逃跑报告”的行为对于公司来说就是犯罪。

我刚到软银集团工作的时候，也经常制作这种让人看不清实际情况的报告，但我不是故意的。在制作报告时，我会不自觉地把不太想表现出来的数字（如果意识到）弄得含糊不清，让人难以掌握实际情况，这或许应该算是故意的过失吧。

然而扪心自问，我不得不承认自己有“想隐瞒”的想法。但是，这种小伎俩对于孙社长是行不通的，最终的结果就是孙社长很生气，斥责我的报告“不知所云”。

减肥要从接受自己实际的身材和体重开始，同样的道理，工作也要从正视实际情况开始。不掌握实际情况，便无法解决问题。问题若不解决，就无法应用到下一步行动中。换言之，“逃跑姿态”就等同于自己亲手封死改善、进步之路。

结合自身经历，我会在心里将那些试图掩盖自己不想承认的、不想触碰的实际情况的报告称为奉行“82kg 理论”的报告。日常生活还好说，但工作中的“82kg 理论”是不能容忍的。大家绝对不要陷入“82kg 理论”。

看清严峻形势

图 2–2 是对表现出“逃跑姿态”的图 2–1 的柱状图进行修改后，重新制作的图，在对各公司的销售收入划分为持续性销售收入和暂时性销售收入的基础上，与预期进行对比。它不是按照每家公司的销售收入，而是按照销售收入的种类重新统计了数据。

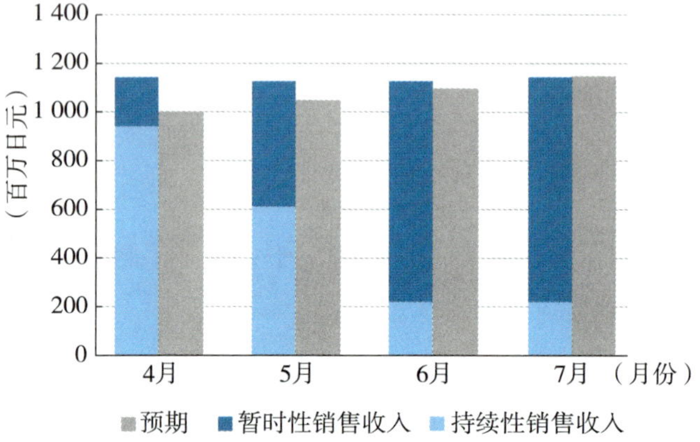

图 2-2 销售月报

怎么样？这样一来大家是不是切实感受到了这家公司所面临的危机。从这个柱状图中，大家应该一眼就能看出暂时性销售收入在不断增加，而睡大觉也有钱进账的持续性销售收入反倒在逐月减少。4 月的持续性销售收入占整体销售收入的 85% 以上，而到了 5 月，其比例下降了一半左右；到了 6 月、7 月，比例最终下降到了 20% 左右。

与之相反，暂时性销售收入却在不断增多。

这意味着什么呢？意味着业务部门想方设法增加暂时性销售收入，最终勉强达成了预期目标。5 月持续性销售收入锐减，所以业务员就打算暂且先把账面收益提上去，于是央求其他客户增加临时性销售收入，试图蒙混过关。

说穿了，制作这个报告的业务员已经知道 D 公司的合同会在 5 月后全面终止，于是央求 C 公司签订了业务委托合同，想办法把 5 月、6 月、7 月的账面收益额提了上去。

但是，按照合同约定，C 公司的业务仅仅持续了 3 个月。由于 C 公司没有委托运营业务，今后想要像现在这样，提高来自 C 公司的销售收入是非常困难的。这样下去的话，当 C 公司按照合同约定终止业务委托后，这个公司就有可能无法维持固定费用支出，突然变成赤字。没错，这个公司面临的形势非常严峻。

从某种意义上说，虽然业务员一直都很努力，但这种状态是不可能长期持续的。即便努力了，也不是真正意义上的努力，说得难听点儿，做的都是没有意义的无用功。事实表明，这种努力没有后劲。6 月和 7 月的暂时性销售收入基本持平。虽说业务员为达成预期目标努力增加暂时性销售收入，但这种努力的效果似乎已经达到了极限。

在这种情况下，如果有一天贡献暂时性销售收入的公司突然提出“不会再给你们业务了”“我们不能继续跟你们合作了”，那么这家公司会怎么样呢？结果显而易见。

恐怕在不久之后的某一天，这家公司的销售收入会一下子骤减，想必退货率和坏账率等也会不断升高，而这些数据必须提前检查确认。

如上所述，虽然同样都是销售报告，但与无法掌握问题关键的图 2–1 不同，图 2–2 如实地反映了这家公司所面临的严峻形势。

重要的是朝“哪个方向”努力

那么，这家公司应该怎么做呢？针对什么地方、采取什么样的对策才是正确的呢？

总结为一句话：这家公司应该集中力量确保持续性销售收入。业务员在获得 C 公司 3 个月的业务委托合同时，应该与 C 公司进行交涉：“我们可以下调开发费用，但希望贵公司能将每月的运营业务委托给我们。”如果业务员不只是忙于获取暂时性销售收入，还从长期的视角进行营业工作，采取其他的应对方式，或许结果就会不同。

业务员为了提高营业数据而努力工作，本身并不是一件坏事。问题在于朝着“哪个方向”努力，朝着不是终点的地方奔跑是没有意义的，而终点是要确保稳定的销售收入。制作报告时，区分持续性销售收入与暂时性销售收入的意义正在于此。

在我担任顾问的公司里，常常会遇到类似的案例。成立了新项目，销售收入却完全没有增加，每月的销售收入时增时减，不断反复。比如某个公司曾用 1 年左右的时间进行观察，结果完全没有改善的迹象，于是尝试着将销售收入按类型进行分类。

分类后立刻就掌握了问题的关键——新成立的服务项目一直在追求暂时性销售收入。本应建立让客户持续使用该服务的业务模式，但业务工作人员只想着先把产品卖出去，收取初期费用。

发现问题后，该公司进行了改善，转变为“开发新服务，每月收取使用费”的业务模式。业务模式转变后，效果立竿见影，项目开始顺利运转。

像这种获得新客户时只顾暂时性销售收入，满足于获取初期费用，没有试图创造持续性销售收入的案例非常多。其中“最开始需要花费这么多，但之后免费”这种做法最为典型，这是缺乏长期视角的表现，等于为了眼前的利益而放弃将来的利益。

如果下属采取这样的做法，上司应该立刻阻止。与初期获取很多销售收入相比，未来持续获取收入这种形式要健全得多、明智得多。倒不如加强后期服务环节，初期通过免费模式吸引更多客户。

如果勉强追求暂时性销售收入，不付费的服务就会越来越多。如果为了立刻获得销售收入而疏于信用审查，之后可能会尝到苦头。

销售收入是有“颜色”的

在这里，我想对销售报告的表现要点进行一下总结（请参考下页）。

如要点 1 所示，要识别暂时性销售收入和持续性销售收入，这是制作销售报告时最重要的要点之一。

销售收入是有“颜色”的，分别是对公司来说将会成为积极要素的“颜色”与看起来无害，实则将来会成为消极要素的“颜色”。制作报告时，要分别体现出这两种“颜色”。

制作优秀的报告，犹如佩戴有度数的眼镜。如果眼镜不合适，便无法清晰地看到现实情况，还存在做出错误解释的危险。同样的数据，却会因为眼镜的不同，呈现出不一样的世界。

销售报告

表现要点在这里!

要点1 以可持续性发展的观点区分识别销售收入

要点2 为预测将来，利用柱状图观察时间序列数据的变化

要点3 同时加入百分比与实数

要点4 基本上采用一张幻灯片一条要点的表现形式

要点5 禁止挑拣数据，必须显示合计数据

如果可以准确掌握实际情况，就能找到改变公司现状的道路。优秀的报告是促使公司向更好的方向发展的第一步。

构建即使没有员工公司也能运转的机制

并不是提高销售收入就可以了，也不是达成预期目标就

没有问题了。这一点希望大家一定牢记。

重要的是知道自己公司努力的方向，创造持续性销售收入。只要有固定进账的销售收入，即使只有 1/5 的员工来公司上班，公司也可以正常运转下去，这样的公司一定可以发展壮大。因为剩余的 4/5 的员工可以专心发展新项目，为公司的进一步发展做出贡献。

如果大家都从早到晚地为增加暂时性销售收入而四处奔走，不一定哪一天就要面临失败。这种不合理的状态不可能持久，这是失败企业的典型。

软银集团之所以能够发展成为今天这样的大型企业，就是因为不断创建平台项目。雅虎 BB、雅虎 Auc，无论哪一个项目，从每位用户身上获得的收入都不是什么大数额。但是，这些收入会持续进账，至少在一定时期内肯定会有进账。这就是软银集团强大的根源、发展的基础。

站在比实际职位高两级的位置上提出假设

将话题重新转回销售报告上，只是使用 Excel 加工原始数据的报告基本上没有任何用处。

日本公司对 Excel 的忠诚度如今依旧根深蒂固，制作报告时，员工常常热衷于利用 Excel 对数据进行巧妙加工，很多时候却把手段和目的弄颠倒了。首先要根据目的制作报告，而绝对不能以使用 Excel 为目的。

如果公司对格式有统一要求，必须使用 Excel 进行数据加工，那么希望大家可以制作其他的附加报告。届时，普通员工要站在部门主管的位置上、中层管理人员要站在经理的位置上，即站在比实际职位高两级的位置上看待制作报告这件事情。

如果制作报告时将视角局限在普通员工的位置，或下属的位置，就很容易陷入刚刚提到的“82kg 理论”。

下属害怕什么？不是项目失败，不是经营受损。作为下属来说，经营问题这类事情离自己还很遥远，他们最想避免的是被人发现自己负责的项目出现了问题，被上司斥责，被追究责任。因此就会不由得想要蒙混过关，就会做出乍一看还说得过去的、好像没有什么问题的报告，利用“82kg 理论”想方设法把场面敷衍过去。这是偏离本质的、错误的工作方法。

不能抱着得过且过的心态制作报告

但是，这对于公司来说确实是很严重的问题，如果制作的报告无法清晰地反映实际情况，就会导致问题被放任不管。含糊不清的报告越堆越多，则会导致问题进一步扩大化。这样下去，到了某一个时间点，事态就会恶化并显现出来，严重时也可能会对经营造成很大的损害。

上司的职责就是避免这种情况发生。因此，上司在制作报告时，必须正视本质，让问题暴露出来，因为他的立场决定了他如果不这样做，就会被追究责任。

一个员工若想为自己所属组织的长期发展贡献力量，就绝不会制作含糊不清的报告。重要的是要在制作报告时转变视角与位置，即站在上司的位置上，以上司的视角来制作报告。这样的话，大家都能够制作出反映实际情况、列明问题的关键，并可用于指导下一步行动的有效报告。

别看我现在说得头头是道，曾经的我从没有想过转换视角、站在不同的位置思考问题，只是抱着不被上司责骂的“小我意识”在制作报告。

但是，自从掌握了软银式的图表工作法，我便一直保持俯视的视角来工作。“居高临下”在执行中不是好的做法，但很适用于制作报告。

不能只是单纯完成上司吩咐的工作，要做就要与众不同。如果不想得过且过，而是希望为公司做出贡献，出人头地，那么就要制作出上司需要的报告，不能制作“逃跑报告”。

而上司需要的报告是建立在假设之上的、有助于解决问题的报告。业务员每个月都在四处奔走，但为什么销售业绩就是上不去？产生了这样的疑问，就要建立“或许是在追求暂时性销售收入”的假设。

以这家公司为例，正是因为它没有止步于原始数据加工，而是建立假设，区分暂时性销售收入与持续性销售收入，才得以掌握了实际情况。可即使建立假设，也不知道哪个是对的，因此就要进行多番假设比较，将最贴切的内容写在报告里。

报告案例 3

主要原因分析报告

利用堆叠面积图，自下而上要求改善

找出因果关系可以削减成本

事物必然存在因果关系，因为存在某些原因，故而出现某些结果。如果明确了这种因果关系，就能尽早解决问题，同时便于制订改善计划。

那么，如何确定因果关系呢？在报告案例 3 中，我将为大家介绍将原因与结果联系起来的有效的图表制作方法。

此处我们以表示某保险公司客服中心呼入电话数的图为例。这个保险公司除了设有实体店，还努力在网络上招揽客户，销售医疗保险和汽车保险。

这家公司每年都会向购买保险商品的客户寄送 3 次信件，信件的内容各种各样，包括运行情况通知和新保险商品介绍等。寄送时间大致固定，信件 A 为 6~9 月，信件 B 为 11~ 次年 1 月，信件 C 为次年 1~3 月。

在实施寄信这一行为后，读完信的客户拨打到客服中心的电话数自然会较平常大幅增加。图 3–1 使用时间序列折线图表现了电话数的变化。

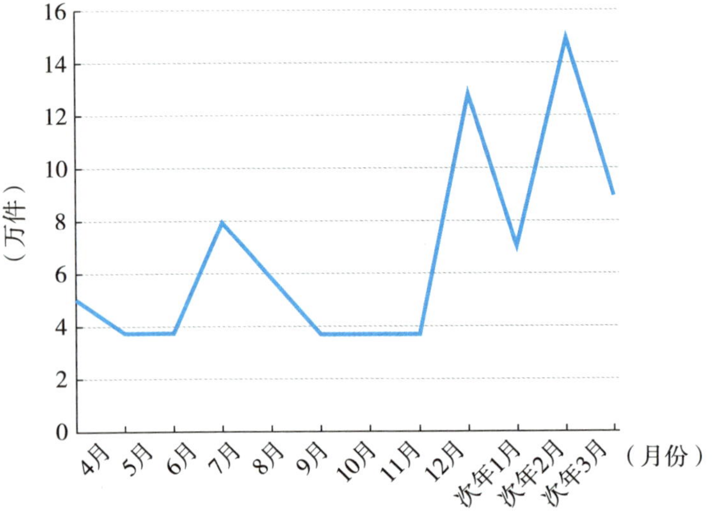

图 3–1　客服中心电话数年度走势图

从这个图中，大家可否看出原因与结果之间的因果关系呢？反正我是看不出来，我从中只看到了寄信后电话数激增这一事实，却无从知晓其转化率，即每次寄信后电话数分别增加了多少。

如果掌握了信件和电话数之间的因果关系，就能调整接线员的座位数，削减成本。然而这个图只是笼统地把数据用折线图表现出来而已，没有有效利用手头的数据，是个有缺陷的案例。

利用堆叠面积图找出主要原因

图 3–1 最大的问题就在于它将数据加工成了折线图。如果想要把电话发生的原因与结果联系起来，仅凭折线图的力量是不够的。当然也并不是什么图都可以，选择符合目的的图的种类是非常重要的。

那么，为什么说折线图不行呢？因为它只表示出了电话数随时间推移而发生的变化。若想进一步深入，将原因和结果联系起来，则需要使用堆叠面积图（图 3–2）。

制成堆叠面积图后，要利用对话气泡，标明电话发生原因的数量及转化率。在这个客服中心，寄信数为 100 万封的信件 A 的电话转化率为 5%，寄信数为 200 万封的信件 B 的电话转化率为 5%，寄信数为 100 万封的信件 C 的电话转化率达到 11%，这些数字已如数记载到图 3–2 中。

这样一来，一眼就可以看出信件 C 的电话转化率明显高于其他信件。接下来就要开始推测电话转化率增加的原因了。为什么 7 月、12 月和次年 2 月的电话数量增加？其中为什么 2 月的电话数特别多？

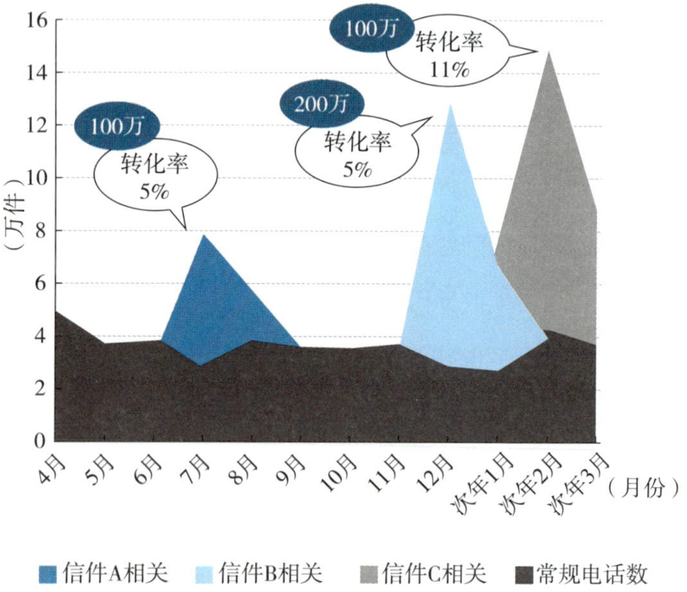

图 3-2 客服中心电话数年度走势

提出这样的疑问才是迈向问题解决的第一步。疑问已经浮出水面，接下来要做的事情显而易见。就是要知道次年 2 月寄送的信件 C 与 7 月和 12 月寄送的信件 A、信件 B 有什么不同之处。是信件主题，还是表达方式，抑或寄送时间（星期几等）？究竟是什么原因导致信件 C 的电话数上升？接下来要做的就是找到信件 C 与信件 A、信件 B 的不同点。

使用分析结果指导下一次的寄信行动，便可以提前对业务活动进行整顿，同时可以想办法减少电话数，削减成本。

常规电话的分类要细致

但是，为了让这种堆叠面积图有效地发挥作用，必须认真细致地对每天的常规电话实施管理。

常规电话是指日常呼入电话，也就是在该公司本身未实施任何行动的情况下，每天也会有拨打进来的电话。

也许是因为很多人经过周末的认真思考之后才决定拨打电话，每逢休息结束后的周一早上，电话数便会有一定的增加，而晚上 10~11 点这段时间的电话数也比其他时间段多一些。也就是说，呼入电话数会根据星期几及时间段的不同而出现些许差异。但从全年来看，常规电话数量的变化基本上比较稳定。

这个客服中心要求接线员确认常规电话的内容分类，并在此基础上录入系统或日志，因此可以对常规电话与寄信后打进来的非常规电话加以区分。如果接线员平时不严格实施电话分类，常规电话与非常规电话就会混杂在一起，因此这一点需要特别注意。

接下来我尝试着总结了主要原因分析报告图表化的要点，请大家过目。

理解原因与结果

制作这种堆叠面积图会带来很多好处。

首先，就是可以理解原因和结果。同样是寄送信件，但电话转化率却有如此大的差距，这就说明原因在于信件的内容。

那么，原因是什么呢？是信件内容晦涩难懂？还是使用了较多扰乱客户思绪的特定措施？抑或是其他信件的内容只不过是单纯的通知？

通过这样的比较讨论，便能越来越接近电话转化率高的主要原因。

前面也曾提到过，在由我负责推行业务改善的日本年金机构，同样也在实施电话转化率及主要原因的分析。寄出“特别便年金”后，电话数量一定会有所增加，但增加方式存在差异，比如寄出主要内容为“领取年金的金额已发生变化”的信件后，电话会马上暴增。

由此浮现出“寄送内容跟钱有关的信件将导致电话数上升”这一假设。在制作报告时，建立“寄信行为与电话数之间是否存在某些因果关系”这种假设是非常重要的。

主要原因分析报告

表现要点在这里！

要点1

与电话的发生原因联系起来

要点2

不要单纯使用折线图，而要制作堆叠面积图，按照电话的发生原因分别显示

要点3

使用对话气泡，标明电话发生原因的数量及转化率

但是，像媒体报道这类不知何时发生、自身无法控制的案例除外，这类案例无法通过找出因果关系来采取对策，最终只是单纯的结果论。我上述的假设仅对寄信这种自身可以控制的行为有效。

利于自下而上提出意见、提供素材

有利于自下而上提出改善要求，也是主要原因分析报告的优点之一。“这部分希望改善一下”“希望完善这个系统”，在自下而上提出意见时，主要原因分析报告可以提供很好的素材。

雅虎 BB 的客服中心就是非常好的一个例子。当初客户的投诉蜂拥而至，由于来势过于凶猛，无论是接线员还是公司员工，都在精神上受到很大打击，处于“灰心丧气”的状态。

客户气愤地投诉说“连不上”“质量不好”，客服中心在将这些投诉内容报告给上司后，也看不到改善的希望，业务部门所有人都意志消沉，甚至有很多人都落下了心病。部门经理也不断受到各方面的打击，看上去犹如马上就要倒下的拳击手。

然而，问题并不在客服中心。客服中心不过是接受客户投诉的部门，客户想要向客服中心投诉的真正理由在于公司的内部问题。而公司的问题最终都被强加给客服中心，这使得客服中心被当成了垃圾桶。

作为售后客服中心的总负责人，我很希望打破这种只有客服中心被当作恶人的状况。通常情况下，客服中心接到大量投诉后，很多人都会认为“是因为接线员的服务没做好”“是因为接线员的态度不好才会这样”，但实际情况并非如此，客户之所以与接线员发生争执，是有其原因的。

要想减少投诉，避免出现电话蜂拥而至的情况，拯救该业务相关人员受挫的心灵，唯一的办法就是要解决根本问题。

此时发挥效力的便是我刚刚介绍过的堆叠面积图。

筛选出一个改善要求

在雅虎BB的案例中，我们按环节分类确认了咨询内容，结果发现与调制解调器安装相关的投诉非常多。进一步探寻原因后发现，“调制解调器的说明书晦涩难懂”，并且“不同调制解调器上指示灯的规格略有不同”。

于是，我制作了主要原因分析报告，并据此向上级汇报“如能减少调制解调器相关的投诉，电话的转化率可以从5%下降到4%”，希望要求调制解调器的制造厂家进行改良。最终，这一要求得到了满足。而事实上，在那之后电话转化率真的有所减少。

下属推动上司采取行动不是一件容易的事情，但是，如果让上司认识到引发问题的主要原因，那么上司的意识将会发生改变。

但是，如果一下子列出 10 条问题，跟上司说“这些问题请全部解决”，上司是不会轻易采取行动的。重点是要利用堆叠面积图，制作主要原因分析报告，说明问题的原因，要求上司“至少这部分请再想想办法”。

记住，一次只提一个要求，若是多个要求会很难处理，而如果只有一个要求的话，就会比较容易解决。分析因果关系，提出主要原因分析报告，这一系列活动将有助于问题的解决。

数据化让人行动起来

进行数据化，对于推动上司做出行动也是非常重要的。

“我们收到了这样的投诉”，若这样报告给上司的话，他们是不会采取行动的。因为他们不知道该从哪里着手，或者压根就不知道事情的重要性。如此一来，上司只会说“这也是没有办法啊”“今后要注意啊”，然后就没有下文了。

这样是解决不了任何问题的。重要的是要明确说明收到了多少个投诉，都是什么样的投诉，要从经营的角度说明解决问题的意义。比如说，“我们接到了 10 万个投诉电话，已经给公司造成了 1 亿日元的损失。”

如果不把数据换算成金钱，上司便不会醒悟并理解事情的重要性。若想将客服中心收到的投诉（即公司问题的关键）向上司和盘托出，努力解决问题，最重要的就是要实现数据化。

拿刚刚提到的雅虎 BB 的客服中心的例子来讲，如果换算到每一通电话的成本上，则电话转化率从 5% 减少到 4%，每个月就能削减 4 000 万日元的成本。

像这样给出明确的数据后，讨论起来就比较简单。“每个月 4 000 万日元”这个数据看上去很有冲击力，足够推动上司有所行动。这个时候可以提出要求：“因为可以大幅削减成本，为减少调制解调器相关的投诉，希望改善调制解调器固件（一种内置于电脑等硬件中的软件）。”这样上司就会比较容易接受。

如果没有这样的数据做依据，只是提出“希望改善固件”，效果会很小，因为让人行动起来的是清晰明确的数据。虽不是投资回报率（ROI），但它明确指出了“如果在这里投资，可以增加这么多收益”，这样更具说服力。

另外，在雅虎BB的客服中心，对从申请到收费过程中的13个环节进行管理，利用自动语音应答系统（Interactive Voice Response）将用户呼入的电话分配到13个环节，再由每个环节分别整理应答手册，进一步将电话内容划分成约400个项目，然后基于电话占比决定优先顺序，将信息反馈给相关部门。

在进行上述改善后，打进客服中心的电话数量迅速减少。将客户划分为老客户和新客户进行管理后发现，老客户的电话从16%减少到10%，新客户的电话从200%（也就是每人拨打2次电话）减少到180%。如此一来，成本大约可以节省10%，可谓大有收获。

“特别便年金”同时寄送引发的异常情况

日本年金机构也曾实施过明确费用效果比、努力改善客服中心的活动。

当时，社会上批评声四起，民众反映说多次拨打人力资源社会保障部的“年金安心热线”却总是打不通。由于此事曾一度演变为重要社会问题，相信很多日本民众都还记得。

实际上，当时客服中心的电话接听率（接通电话总量与呼入电话总量的比率）惨不忍睹，数据化后竟不足 10%。在这种情况下，大量投诉纷至沓来也是必然。

然而，如今客服中心的电话接听率始终保持在 90% 以上，究竟是什么发挥了作用呢？

当时作为业务改善专家负责解决问题的我，首先调查了接听率过低的原因。调查后发现，该机构存在很多民众无法想象的、落后于时代的不合理的做法。

其中之一就是该机构会在特定日期集中寄送“特别便年金”等各种信件。此举确属政府性行为，但业务员不考虑先后顺序，只为处理方便而选择全部在同一时间寄送。如此一来，也就难怪电话会集中在同一段时间内拨打进来。打电话确认信件内容的人蜂拥而至，电话基本上已经被打爆。而如果电话打不通，用户会怎么做呢？答案是用户会反复拨打电话。当时，大概每位用户会重复拨打 3 次，故而导致表面上的呼入电话数暴涨 3 倍。

接听率的分母是表面上的呼入电话数，所以如果电话打不通，分母就会增大。在拨打电话后用户可以与接线员通话的情况下，接听率约为 80%。但如果这个数值跌破 70%，人们就没有耐心等下去，继而再拨打电话，其结果就是接听率瞬间下降到 20%。

有助于抑制峰值

解决对策就是考虑到客服中心的工作负荷，分散寄送信件。

客服中心的工作人员很难在特定时间段临时雇用，就算预计到某段时间会有大量的呼入电话，但要想只在这段时间内增加人手，等到淡季再减员也是很困难的。接线员的录用成本高昂，且不经过培训是无法胜任现场工作的。而培训自然也会产生培训成本，并且也不可能根据人员的增减，调整客服中心工作空间的大小。

最终，为了使现有人员顺利应对电话咨询，只能是对呼入电话的数量加以控制。于是该机构调整了寄信方式，改为每天寄送一部分，同时不断观察人们的反应，而这是最现实且合理的方法。

再进一步的行动就是修改信件内容。这样做的原因是当时寄送的信件中写满了法律用语，内容非常晦涩难懂，而客服中心应对起来也就相当耗费时间。这种无视读者立场、无视客服中心立场的晦涩难懂的信件内容是有问题的，而能够发现这个问题，多亏了主要原因分析报告。

通过采取调整寄送时间和改进信件内容这两种措施，接听率得到了飞跃性的提升。

如上所述，主要原因分析报告能在经营方面发挥不小的作用，下面让我们来总结一下它在经营方面的优点。

站在经营的角度，最糟的情况就是没有针对性，“凭感觉”“漫无计划地”进行改善，这种做法也根本不能称为改善。

掌握因果关系才是改善的第一步，即使看起来会耗费很长时间，最终却将成为解决问题的捷径。

主要原因分析报告

经营方面的优点在这里！

优点 1 可以理解原因与结果

优点 2 可以自下而上地提出改善要求

优点 3 通过数据化明确优先顺序

优点 4 从“看起来似乎有所改善”变成“可以计算改善的费用效果比”

优点 5 可以就抑制峰值问题进行讨论

报告案例4

项目管理型会议记录

在一张A4纸上创建一看就懂的“结构”

会议记录“有人看，才有用”

会议结束后，会由相关人员总结会议记录并在公司内部传阅。会议记录本应是记录会议决定事项、未决定事项以及后续应处理事项的重要报告，但不知为什么，很多时候它都会被“束之高阁”。

明知道必须得看，却就是不想看，心想不大致浏览一遍，之后就要被上司骂，所以姑且看看，但不会细读，这样的人不在少数。其原因就在于会议记录的整理方法存在问题。

会议记录“有人看，才有用”。只有被浏览过，它才有意义。没人看的会议记录没有任何价值。

会议记录没人看的理由很简单，就是人们觉得它没有看的价值。如果人们认为这个会议记录有助于顺利推进业务，对于自身的工作来说不可或缺，则必然会认真阅读。

在此，我将为大家介绍有人看且让人想看的会议记录整理所需的思维方式和方法。

整理会议记录时，必须运用项目管理式的思维方式。所谓项目管理，就是为达成指定目标，对人才、成本、设备、物资、日程进行调整，管理整体进度。不受行业形态限制，从 IT 企业到初创企业，再到传统重工业企业，运用项目管理方法整理的会议记录可适用于任何类型的企业。

另外，不管会议主题是什么、参加会议的是什么人，经营会议、董事会、部门例会、预算会议、进度报告会议……所有会议一律适用，项目管理型会议记录可谓无所不能。

用一张 A4 纸实现格式统一

整理项目管理型会议记录的第一步就是统一格式。

我这么说，可能会有人提出异议："我们公司有自己的写法和规定……"然而近来不论哪个公司，跳槽人员都在不断增多，加之企业收购、企业合并等，让来自不同公司的员工在一起工作成为一种常态。因此，虽有规定，但实际上并非完全统一。从实际情况来看，每个人姑且都是按照自己的方式在整理会议记录，难道不是这样吗？

在很少有人跳槽的那个年代，很多公司里都是前辈手把手地向后辈传授会议记录的写法以及相关惯例，且明确规定固定格式。然而，那样的时代已经一去不返了。如今的公司是由来自四面八方的人所组成的集合体，鉴于这种情况，还是有意识地自行决定格式比较好。

在形式上，希望大家能统一为一张 A4 纸。A4 纸的尺寸大小有助于一眼掌握内容。会议记录越早有人看越好，如果它的尺寸或分量让人想拖到以后再看，那就没有意义了。

最近，丰田公司规定要统一使用一张 A3 纸来制作报告、提案及策划案，力图改善工作效率，这让 A3 纸受到了人们的关注。然而比起 A3 纸，我更加推荐使用 A4 纸。

往包里放的时候，A3 纸必须得折起来才能放进去，虽然有不少公司想使用 A3 大小的材料，但开会时必须得一会儿打开一会儿折上，很麻烦。

另外，A3 纸最大的问题在于无法让人一眼看懂上面写的是什么。从左上方到右上方再到左下方，看的人必须移动视线才能理解内容。考虑到头部和眼睛的活动，明显是 A4 纸使用起来更加简单。

与 A3 纸不同，A4 纸不论是横着还是竖着，写在上面的“结构”都会直接吸引读者视线。读者可以迅速看出什么地方写着什么，瞬间获得自己想要的信息，这是 A4 纸独有的优点。

A4 纸还能直接放进包里，这一点也非常方便。A3 纸的尺寸是 A4 纸的两倍，然而从使用效率来看，A3 纸的费事程度却不止 A4 纸的两倍。

另外，现在有越来越多的公司会以邮件附件的形式发送会议记录。考虑到这一点，更是推荐大家使用 A4 纸。因为打开以 PDF（便携式文档）格式发送来的 A3 报告后，页面上的文字会变得非常小，必须一下一下地移动光标才能辨认，非常不方便。

纸质报告的文化正在不断走向终结，鉴于这种现状，会议记录还是使用 A4 纸更好一些，特别是这种不该花费太多时间阅读的报告，更是希望大家统一使用从上到下浏览一遍就能理解全部内容的 A4 纸。

文字要纵向对齐

偶尔看到有的会议记录，会逐字记录会议的发言内容，这种做法也是不可行的。

细致地记录“领导是这样说的”“对此经理是这样说的”，

这种会议记录不能被称为好的会议记录。虽然它有助于确认详细的发言内容，但作为会议记录来说价值很小。

对于会议记录来说，最重要的是要实现结构化，明确会议所围绕的主题。如表 4–1 所示，如果会议主题是各大区的业绩报告，就必须要知道各大区业绩报告的内容，在理解内容的基础上，实现一定程度的结构化并进行总结，这是会议记录整理者的职责。

这里所说的“结构化”一点都不难。只要在记录时适当地调整格式，让项目纵向对齐即可。在表 4–1 中，销售额和毛利润的数据纵向对齐，一眼就能看出销售额与毛利润、上月环比与预算比，这种让人瞬间就能理解的视觉效果是非常重要的。

如果在“各大区报告”中将销售额与毛利润连在一起写，就无法看出两者之间的关系。纵向对齐，希望大家首先注意这一点。

格式一旦固定，看记录的人就能立刻知道什么地方写了什么内容，并迅速找到自己需要的信息。反之，如果不实现结构化，不调整格式，只是按照发言顺序记录发言内容的话，就会让人搞不清楚状况，读者要用很长时间才能找到自己需要的信息。这完全就是浪费工夫。为了避免麻烦，提高效率，大家首先要确定格式。

表 4-1　9 月营业会议记录

时间	2014 年 9 月 29 日 10~12 时			
地点	总公司 16 楼 1603 会议室			
参加人员	营业部谷中部长、东日本大区本部田中本部长、 西日本大区本部佐藤本部长、营销部真田部长 石原系长、营业部山田			
议程				
各大区 报告	（报告）东日本大区 销售额 138 000 万日元（相比上月增加 5%、完成预期的 105%） 毛利润 22 000 万日元（相比上月增加 4%、完成预期的 103%）			
	（报告）西日本大区 销售额 103 000 万日元（相比上月增加 2%、完成预期的 103%） 毛利润 12 000 万日元（相比上月增加 1%、完成预期的 101%）			
新服务的 销售手段	事项	负责人	输出成果	交付期
	（决定） 营销部	真田部长	用户调查报告	10 月 20 日
	（决定） 东日本大区 首先实施 预售	田中本部长	明年 2 月 重新计算销售 目标	明年 2 月起
	（未决定） 促销活动	真田部长	计划先决定广告 代理店方案	下次的营业会议
发送对象	董事会成员及与会人员			
整理者	营业部山田新次郎			
整理时间	2014 年 9 月 29 日 13 时			

另外，这个会议记录会以附件的形式记录大区报告的详细内容，但是如果把大区报告的内容也写进去，会议记录就会变得很长，因此要删掉。如果会议记录太长，必定不会有人看。要么采用附件的形式，要么在会议当天把报告发下

去，让有需要的人自行查看，采用此类方法即可。

明确区分报告与决议事项

对报告事项与决议事项进行明确区分，这也是总结会议记录的必须事项。

比如说实施促销活动时，必须分清宣传活动是“现在正在讨论”，还是“已经决定”，或者是“正在进行决议”，否则作为会议记录来说，将无法发挥任何作用。

如果做出来的会议记录定义模糊不清，就有可能演变成“规划部并没想到实施宣传活动这件事已经定下来了”“我听到一些中间过程，说是正在讨论，但部门并没有正式回复”。

为了避免出现这种情况，对于自己有权决定的事情，要说明“对于此事，我已经在自己的权限范围内做出决定，特此报告”；对于自己无权决定的事情，要说明“此事需要经规划部及与会人员同意后再做出决定”。如果需要在开会时当场做出决定，必须明确记录为“决议事项”。

如果说本来是决议事项，但未能当场做出决定，则必须明确区分为“未决定”。“报告”、“决定”，还是“未决定”，一定要写到会议记录上，并且一定要写在开头部分。

日语中模棱两可的词数不胜数，如果故意说不清楚，使用抽象的表达，就会让人一头雾水，搞不清楚事情是决定了还是没有决定。比如：“那件事怎么样了？”“这么一说，之前还开过会呢。”“那结论是什么来着？”

为了避免这种情况发生，就要将记录事项明确划分成三类，报告就是报告、决定就是决定、未决定就是未决定，要在开头写清楚。这样一来，后续便不会造成员工的困惑。

从表 4–1 来看，在“新服务的销售手段”中记录了三项内容，全部标有“决定 / 决定 / 未决定”。看到这样的会议记录，任何人都会明白“已经决定此事由真田部长全权负责，由营销部门总结用户调查报告，交付期为 10 月 20 日”。

人们只要查看会议记录，就能清楚该事项的负责人应该做什么，让负责人认识到“这件事已经决定，必须要做”，从而断了退路。会议记录必须如此。

事实与评价要分开记录

不要把事实和评价混在一起，这也是整理会议记录时非常重要的一点。

比如说参加新 IT 设备的展示会，看到其他公司的新产品展位前排起了队，大概有 20 个人在不停地向负责人提问，场面非常热烈。现在，大家需要通过会议记录报告这个事实。

这种时候，可以直接记录事实，写上“场面热烈”也没有任何问题。但是，如果写成“我觉得市场上认为这是一款非常有意思的产品”，便不是事实，而是记录者的评价了。因为它不是在记录事实，而是在描述记录者的印象。印象和评价，必须与事实分开记录，需要明确划分。

大家要记住，会议记录里容不下感情要素。如果随便写入个人感情，立刻会让会议记录变得情绪化，这不是项目管理型会议记录应有的样子。因此，会议记录中只要实事求是地记述发生的事情、决定的事情即可。

在项目管理中，会明确“到什么时候、用多少成本、制作什么样的东西”。而在总结下次开会前必须要做的事情时，就要学习项目管理的做法，明确记录“到下次开会前，应该由谁、在什么时候、提出什么”。

还有一点需要强调，就是这种情况下必须使用名词结构。表 4–1 中记录为“用户调查报告”“交付期为 10 月 20 日”，但如果将其变成“用户调查”，又会怎么样呢？

看报告的人可以理解为“实施用户调查，但或许不需要报告”，等到下次开会时，就有可能变成“已经实施用户调查，现在正在核查报告”。不难想象，这会让本来想听取“用户调查报告”的其他成员希望落空，从而导致日程延后。

工薪阶层倾向于按照对自己有利的方式理解问题。为了防止出现这种情况，大家切记要使用名词结构，明确定义输出成果。

明确决定负责人、交付期及输出成果

关于负责人和交付期，也必须提前决定。

以表 4–1 为例，既然已经决定在东日本大区实施预售，那么田中本部长就必须在下次开会之前重新计算出截至明年 2 月的销售目标，并从明年 2 月起开始实施预售。针对每个事项明确负责人、输出成果、交付期这三点是非常重要的。

经常听到有人抱怨说“会议太多，工作没有进展”“从早到晚都在开会，工作进展缓慢”。然而，如果会议能在真正意义上发挥其作用，就绝对不会发生这种事情。

在开完一整天的会后，痛痛快快地决定出“谁是负责人，交付期是什么时候，应该做什么”，这样就会让产出率得到切实提高。如果产出率没有提高，则是因为没有明确地决定负责人、交付期和输出成果。

会议最后不要忘记确认会议记录，预留出 3 分钟的时间即可，让参加会议的人员确认会议记录的内容。

这个时候，可以使用白板。如果会议主持兼任记录者，就可以在白板上像表 4–1 那样不断地记录会议内容，并由另外一个人将这些内容输入电脑，以文档格式发送给会议现场的所有人，这样便可以实现信息共享。

如果认为这样做费事的话，也可以用智能手机把白板上的内容拍下来，以邮件附件的形式发送。另外还有一种方法，不过是否可行则因人而异，那就是使用投影仪，把正在用电脑编辑的会议记录投影在白板上，由记录者不断记入内容。但是，如果采用这种方法，记录者则无法兼顾主持人的工作，因此这种方法或许仅适用于会议主持以外的人，记录者可以专心地一边投影一边做会议记录。

无论采用哪种方法，都必须在开会时当场确认会议记录。如果有人对总结的内容有异议，便可以当场追加修改内容或者重新讨论。这样只花一点点工夫，便可以提高会议的质量。

明确记录发送对象、与会人员

还要提前明确会议记录的发送对象，这一点特别容易被忽略，却非常重要。

比如说，自己现在正在参加一个会议，而会议记录将会被发送给董事会成员。那么，知道这件事和不知道这件事会有什么差别呢？与会人员的意识是不是会有所不同？会议的意义是否会突然发生改变？

知道自己将与什么人共享信息，有着非常重要的意义，所以必须提前确定会议记录的发送对象。

除了发送对象外，记录与会人员的姓名也非常重要。是相关部门全员一致决定？还是缺席情况严重？抑或是某些人根本没被邀请参加会议？从与会人员的名单中便可以掌握这些情况。

如果本来需要规划部参加，却在规划部缺席的情况下召开了会议，那么这个会议就会被视为在公司内部不具有充分效力，就需要重新召开一次会议。为了在公司内部达成共识，一定要明确记录会议的参加人员。

明确何人何时做的会议记录

另外，还要写明会议记录的整理者，不能只有部门名称，还要写上整理者的全名。整理者不明的会议记录不便于修改。要明确“是哪个部门的哪个人整理的会议记录”，并尽可能地写上联络方式。

“谁要是对这个会议记录有意见的话就跟我说，需要的话我随时可以改”，这种表达方式也许欠妥，但如果没有这样的态度，便没有办法做出一个好的会议记录。

为了明确会议记录是什么时候整理的，不要忘了写上整理时间。如果只写了会议时间却没写整理时间，那么作为会议记录来说是不够充分的。如果是在会议当天整理的会议记录，并立刻发送给了相关人员，那么为了展示会议记录的时效性，也一定要记录整理日期。

如果内容有修改或者版本有更新，则需要进行版本管理，明确“何时”“何人”“修改了哪个部分”。最好还要写明“版本 1 是什么时候整理的”。

后文，我整理了项目管理型会议记录的表现要点。

像这样把表现要点列出来之后，我发现这些全部都是基础事项，然而不遵守这些基础事项的会议记录却在公司里大行其道。现在是时候做出改变了。希望大家在整理会议记录时可以回归基础，按照固定格式明确记录出“什么事情已经决定，什么事情尚未决定，是谁在什么时候整理的会议记录，都有谁参加了会议”。

赋予记录者权限

我经常参加一些日本企业的传统会议，深感未明确负责人、交付期和输出成果的情况实在是太多了。

很多时候是参加会议的人好像都明白了，而会议就在这样一种氛围下继续进行，可实际上每个人都不是很清楚会上到底做出了怎样的决定。“哪些定了，哪些没定”含糊不清。

总是开会、产出率低的公司的会议基本上都属于这种类型。

一直在讨论着某些事情，却因为自己所需要的信息不够充分而无法做出决定；或者虽然有充足的信息，却因为权限不够而无法做出决定，只是没完没了地继续讨论，这样的会议只能是浪费时间。

实际上，最理想的情况是让有能力的人担任记录者并推动会议进行，但很多时候，记录者的工作都被交给年轻员工来做，于是导致最后含糊其词，轻描淡写地就结束了。

为了能对必须当场决议的事情进行决议，避免会议结果含糊不清，记录者就需要拥有权限。一般来说，在公司会议上担任记录者的都是年轻员工，记录者被视为一项辅助性工作，可实际上却担负着重要的职责。比如说，在会议过程中，西日本大区做了销售额报告，但尚未报告毛利润。此时，催促负责人提供相关信息也是记录者的工作，让记录者充当半个主持人，会议的质量将会得到提升。

记录者原本应该由年长的人担任比较好。在发出开会通知之前，会议准备工作就已经开始。请什么人参加会议？什么人可以不参加？应该由哪个部门召集人员？这些准备工作与会议记录有着密不可分的关系。

尽管如此，考虑到日本的企业文化，很少安排年长的人担任会议的记录者。在这种情况下，至少要做到不轻视记录者的职责，赋予记录者会议记录相关的权限。

如果能让有决定权的记录者总结会议内容，让大家共享会议结果，那么员工们就会意识到“原本会议应该是这样的”。正确的会议观念一旦形成并不断渗透，会议效率自然就会得到提升。

项目管理型会议记录

表现要点在这里！

- 要点 1 统一格式
- 要点 2 总结到一张 A4 纸上
- 要点 3 即使公司有规定格式，能编写进去的也要编写进去
- 要点 4 明确提出主题
- 要点 5 适当调整格式，让记录项目纵向对齐
- 要点 6 区分报告与决议事项
- 要点 7 将决议事项划分为决定事项和未决定事项
- 要点 8 区分事实与评价
- 要点 9 使用名词结构，记入数据
- 要点 10 决定负责人、交付期以及输出成果的内容
- 要点 11 开会时当场确认会议内容
- 要点 12 提前决定发送对象
- 要点 13 明确记录与会人员
- 要点 14 不要忘记标注记录整理者及整理时间

优秀的会议记录会斩断退路

项目管理型会议记录有很多优点，我尝试着从经营的角度总结了整理项目管理型会议记录的意义。

开会时当场决定各自应该做的事情和期限，各自在规定期限内完成应做之事。这种会议文化一旦扎根下来，所有人都将无法再为自己寻找借口。如果无论如何都无法在规定期限内做完自己应做的工作，则应该在开会时当场提出来“不行，做不完”，或者“请把交付期调整到 ×× 日”。

这样一来就可以避免出现分歧。比如，某部门已经在什么时候完成了问卷调查，却尚未整理报告，而会议主办者实际上是想在今天的会议上听取报告……采用项目管理型会议记录，就不会出现这样的问题。

因为想给自己留条后路，所以明知道无法在规定期限内完成，却还是会给出“报告已经在总结了，我想总会有办法的”这种似懂非懂、轻描淡写、含糊不清的回答。如果觉得无法在规定期限内完成，并当场提出来，便可以采取很多措施去补救。若能尽早掌握情况，大家就能想到各种各样的解决方法，比如找帮手，或者提高费用等。事后才说“还是没能做完”，这才是问题。

项目管理型会议记录

经营方面的优点在这里！

优点 1

明确会议结果，搞清下一步行动

优点 2

明确负责人是谁

很多公司开会等于白费时间，就是因为最终执行者不明确

优点 3

明确应提交的输出成果

优点 4

无法再逃避或找借口，有利于采取下一步行动

让每个人都无法对“报告”的定义做出不同的解读，让每个人都没有办法作弊，这样的会议记录才能算作优秀的会议记录。

软银集团的会议风格就是“当场讨论各类问题→决定做→解散→各项业务按计划推进→各自完成任务”。之所以

可以这样，完全得益于软银集团根深蒂固的企业文化，即在会议中引进项目管理的思维方式，明确何人何时做何事，一旦做出决定后，则每个人都会按照决定内容各自付诸行动。

项目管理型会议记录适用于所有行业的所有会议，希望大家务必采用这种会议记录，组织成功高效的会议，不断提高产出率。

报告案例5

项目管理表

以负责人为单位，对工序实施简单管理

被迫进行“死亡行军”的项目

在报告案例 4 中，我已经为大家说明了如何基于项目管理的思维方式整理会议记录，接下来在报告案例 5 中，我将为大家介绍有助于项目推进的项目管理表。

在如今日本的商业领域，正值项目盛行之际，越来越多的公司会同时推进多个项目。

其背后的原因在于服务的变化。在现代社会中，很少有产品是单纯的一次性的销售硬件。以苹果手机为例，市场上支持苹果手机的产品和服务正是通过各种硬件、软件以及多种行业的组合来实现的。

换言之，仅由一个部门完成的产品或服务正在不断减少，各行各业越来越离不开来自公司内部多个部门，甚至是公司外部的拥有不同立场、不同思想的人发挥集体智慧。项目不断增加也正是出于这个原因。

但是，能按照最初计划推进的项目可谓少之又少。我们常遇到的情况是，一道工序延误则道道工序延误，根本无法按时交付。项目在这种情况下继续，工期将至，上级检查，发现项目未能按照计划进行，于是一声令下——“去给我通宵做完”。接下来就是全体项目成员不停赶工，连睡眠时间都无法保证。这样的项目随处可见。

全体成员疲惫不堪，宛如“死亡行军”（指 IT 企业系统开发部门残酷的劳动环境），这样的项目并不少见。

但是，请大家仔细想一想，如果项目能按计划进行，就不会被强迫进行“死亡行军”，为什么大家必须要承受这种痛苦呢？

好看但很难用的甘特图

一个公司可以按计划推进日常业务，却不知道为什么就是无法按计划推进项目。进行寄放销售时，能够如期正常运转；需要提交请款单时，也可以在规定期限前制作完成并寄出去。可为什么换成项目就出岔子，就会发生延误，就会接连不断地出问题呢？

我认为，问题之一就是甘特图。甘特图本身并没有问题，问题在于人们无法熟练地使用它。

我想很多人即便不知道甘特图这个名称，应该也都看过或使用过甘特图。它就是工厂等进行生产工序管理时使用的表格，横坐标记录时间，纵坐标记录人员和设备等，同时还会记录各个工序的作业开始日期和完成日期等，以此来明确进度情况。

项目启动后，大部分公司都会首先制作甘特图。近来，还有人研发出了一款方便使用的甘特图专用软件，可以在一个任务出现延误后自动地对整体日程进行调整。

然而，令人意想不到的是，甘特图虽然看起来好像很适用于项目管理，但实际上根本没用。之所以这么说，是因为最终任何人都没能熟练地使用甘特图。

无法对应现场活动

现场的活动不会完全按照计划发展进行，很多时候会较计划有所拖延，有时也会较计划提前。可无论哪种情况，甘特图都无法应对这些变化。如此一来，人们就将无法掌握相互之间的依存关系。

如果每个人都只是对甘特图中自己负责的工序进行更

新，就会导致工序间的相互关系不明朗，因此就需要在某个时间点进行整合，而整合是一项非常费时费力的工作。很多时候项目经理根本没有时间去解读分析。但是，如果专门指派一个人去管理甘特图，成本又太高。

最终，甘特图变成了只为给上司看的摆设，实际开展工作时根本没人理会甘特图。也许这听起来像个笑话，但这种情况在现实工作中非常多见。说实话，我从前便是这样，一提起项目，就认定必须要制作甘特图，将时间都浪费在了无用的工作上，而像我这样的不是大有人在吗？

只有在给非项目人员说明项目进度时，甘特图才有机会登场，而项目关键成员完全没有按照这个图在工作。这种情况一旦成为一种常态，就等于项目管理已然形同虚设。

不过尽管如此，甘特图依然大受欢迎，经常被用于项目管理，这或许是因为它外形美观，让人觉得只要把图做出来，就好像完成了某些工作。

然而事实上，甘特图费事且不实用。当然，若能做到运用自如，甘特图定能成为非常方便的工具，但在没有熟练使用甘特图习惯与文化的地方，即便引进了甘特图，终究也只会变成摆设。很多时候，人们只不过是把眼前看得到的工作全都写进去，然后再画画线而已。

在这种情况下，就需要使用更加省时省力、简单易用，并且可以根据现场进度情况进行管理的“其他工具”。这个“其他工具”就是我接下来将要为大家介绍的项目管理表。

简单，但对于进度管理来说是必要的

请大家看一下表 5-1 的项目管理表。

表 5-1 项目管理表

整理日：2014 年 7 月 25 日 整理者：木村弘

项目	任务	成果	交付期	负责人
新产品宣传活动	宣传活动策划案	董事会批准	9 月 15 日	山田
	集体面试	报告	8 月 1 日	田中
	选择代理店	决定代理店	8 月 15 日	井川
	网络策划案	网络策划案	8 月 15 日	南
新产品代理店培训	培训手册	培训手册	8 月 15 日	新藤
	视频制作	视频	9 月 15 日	新田
	现场指导	全国指导	10 月 1 日	京极
物流	选择物流公司	决定物流公司	9 月 10 日	物流部矢川
	制作物流手册	手册	9 月 10 日	物流部沼田
	合同	合同书	8 月 10 日	法务部佐藤
宣传	制作预发布版本	预发布版本	9 月 10 日	宣传汤川
	应对记者团	插页	9 月 10 日	宣传新村
	问题应答对策	常见问题解答	9 月 10 日	宣传新村

设想这是一家大型家电产品制造厂家的项目管理表。这家公司每年都会发售新产品，今年的秋季大型新产品发售日将至，他们正在策划两个项目——宣传活动项目及代理店培训项目。

负责项目管理的是促销部的山田，项目的目的是策划并执行宣传活动，而真正的终点是10月1日到代理店进行现场指导并开始销售。

大家可以看到，表中共划分了四个项目，除了“新产品宣传活动”，还有“新产品代理店培训”、“物流”和“宣传”，并且在每个项目下分别设有任务。“新产品代理店培训”的任务为“培训手册”、“视频制作”、“现场指导”。“物流”的三项任务分别为“选择物流公司”、“制作物流手册”、“合同”。

各项任务中分别标明了输出成果的内容和交付期，并且明确填写了负责人。比如“新产品代理店培训”一项，负责制作培训手册的是新藤，交付期是8月15日。

项目管理表没有甘特图那么气派美观，结构非常简单。甘特图会给人一种很强烈的“我工作了”的印象，而项目管理表在展示效果上确实不如甘特图，但它对于管理项目进度来说却是必要且充分的。

用具体的东西定义输出成果

使用项目管理表时，非常重要的一点就是要尽可能地用具体的东西或行为定义输出成果。

比如，在“宣传活动策划案”这项任务中，输出成果为“董事会批准”。也就是说，并不是制作完宣传活动策划案以后工作就结束了，自己拟订草案与获得董事会批准是完全不同的两种行为，并且存在一定的时间差。如果不明确这一点，就会在后续工作中招致混乱。

若将输出成果定义为“制作策划案，得到董事会批准”，那么后续就不会出现“策划案已经制作完成，但尚未得到董事会的批准”等类似的情况。项目会议上也不会再出现“你，那个做完没？”“还没得到批准吗？”一类的问话。

同样的道理，“制作物流手册”这项任务的输出成果就是“手册”。“宣传”项目的“制作预发布版本”任务的输出成果当然就是“预发布版本”。而“物流”项目的“选择物流公司”任务的输出成果便是“决定物流公司”这一行为。

关于输出成果明确化这一点，我在报告案例 4 的会议记录部分也曾提到过。只要做好这一步，成员的意识就不会出现偏差，必须要在项目管理中明确输出成果、交付期及负责人，希望大家谨记。

至今为止，我看过很多项目无法顺利运转的例子，它们的共通点就是输出成果定义模糊、轻描淡写、不得要领，很多时候连管理负责人都不清楚某项任务是正在进行还是已经结束了。

究其原因，还是因为输出成果不明确，如果定义模糊，也就无法判断成果是好是坏。

负责人限定一人，必须明确记录

在传统的日本公司里，很多时候人们很抵触将负责人的名字写进管理表中。别说是负责人的名字了，有时候甚至对记录部门名称都有抵触情绪。因为一旦记录了部门名称，部门领导就会变成负责人，所以为了避免这种情况，有人干脆把负责部门一栏从管理表中删掉。

但是，我敢断言，这样的项目肯定会出问题。在责任者不明的情况下，项目不可能进展顺利。一个缺少责任者的项目，一旦出现任何问题或纠纷，都将无法收场。

只有项目中的每个成员都做完自己该做的事情之后，项目才得以成立。如果在负责人不明确的情况下就推进项目，每个成员在开展工作的过程中就会产生微妙的认识偏差，最终导致频繁返工。

经常有人问我，负责人的名字是限定一人，还是两三个人也可以？我认为，如果有多个负责人的话，就不知道由谁来负最终责任，所以可以设立副负责人，但最终负责人必须限定一人。若将某人的名字写进管理表，就代表此人对任务的完成负有责任。

只要认真制作项目管理表，每个人就不得不去完成自己负责的任务，就不得不在交付期前完成工作。只要有效地利用项目管理表，项目就可以顺利运转。

频繁更新到最新版本

项目管理表制作完成后，务必要进行版本管理。

示例表格制作于 2014 年 7 月 25 日，随着时间的推移，在视频制作及培训手册的进度等细节方面与最初计划出现了一定的偏差，各个负责人的说法也逐渐产生了一些微妙的不同。

而若想防止出现这种情况，就需要更新版本。电脑出现问题时，会在夜间进行更新处理作业，升级到最新的程序。

同样道理，项目管理表也要升级到最新版本，并且，还需要选择合适的时机统一升级。比如说可以在例会上进行更新，条件允许的话，就每周更新一次，要保证手中的管理表始终是最新版本。

如果每个人使用的项目管理表的版本各不相同，就会影响项目推进。最理想的状态是所有项目成员都使用相同的项目管理表，并且必须都是最新版本。

如果疏于更新项目管理表，项目就将无法顺利进行。项目管理表是防止项目偏离正轨的工具，要想达成目标，就必须及时更新。

另外，如果项目方向发生改变，则务必要重新制作项目管理表。举例来说，本来需要在 10 月末前做好宣传活动的准备工作，但计划突然提前了，这个时候，就必须考虑省略掉哪一步工序才能让整个日程提前，而项目管理表自然也就需要按照这个方向重新制作。就拿前面提到的家电产品制造厂商的例子来说，解决对策就是“新产品代理店培训”中不再制作视频，而是直接到代理店进行现场指导，这样项目管理表也要相应地进行修改。

项目经理的职责就是尽可能地减少摩擦，思考如何调整才能达成目标。让项目成员认可“可以这么做”“这个方案可行”，是项目经理的工作。

以负责人为单位划分工序

制作项目管理表时，工序划分要详细到何种程度，也是一个令人苦恼的问题。

如果划分过细，管理工序就会增加；如果划分过粗，又会在项目推进的过程中出现问题。因此，最好的办法就是以负责人为单位划分工序，要将负责人负责的工作作为一个工序，决定输出成果并明确交付期。

在前面的项目管理表中，对“新产品宣传活动”划分了四项任务，对“新产品代理店培训”“物流”“广告”分别划分了三项任务。

我个人认为，人类一眼就能掌握的数字最多不超过 5 个。如果达到 7 个，人类就只能举手投降。可以轻而易举地运用和管理 7 个数字的人都是大神级人物。因此希望大家尽量将项目的任务（工序）数控制在 5 个以下。通常情况下无须划分过细，这是我的一贯主张。

但是，如果某个负责人的某个特定任务发生延误，或者因为要从海外运送物资，所以很难掌控计划，或者是某项业务需要外包，那么这样的工序不在此提及。

工序并不是划分得越细致越好，也不是说粗略划分就没有问题。为了高效合理地管理参与项目的所有人员，要具体情况具体分析，思考如何在管理工数和成果之间取得平衡。如果大家可以共享各自的工作进度，则一定可以缩短会议时间。

在此，我列出了项目管理表的表现要点。

没有权限的项目经理无法推动项目运转

前面我已经对项目管理表进行了论述。近来，项目数量不断增加，但员工不想当项目经理的倾向却日趋明显。在我担任顾问的公司里，常会有人跟我说“我们公司里没有人想当项目经理”。

究其原因，是项目经理这个职位要承担风险，却得不到相应的报酬。

这种倾向在系统集成商（Sier）的世界里尤为明显，一旦不能按时交付，就会把责任全部推到项目经理的身上，即所谓的“项目经理残酷物语”。

项目管理表

表现要点在这里！

要点1 出于版本管理的考虑，明确记录制作者和制作时间

要点2 用具体的东西定义输出成果

要点3 决定交付期及负责人

要点4 以负责人为单位划分工序

要点5 及时更新，向每个人分发最新版本

“如果项目经理能顺利完成工作，就可以成为董事。”如果公司做出这样的承诺，或许应征者就会增加。但实际情况是，项目经理只承担责任却没有任何人事权限，如此一来，自然无人应征。

如果不赋予项目经理权限，就不要指望项目可以顺利开展。项目经理原本的职责就是从经营者手中获得权限，再将

权限细分，推进项目实施。

比如法务部的某人提出“不能接受合同里的某些用词”，那么项目经理就要让他咨询律师事务所；如果某人的工作进展情况不乐观，那么项目经理就要协调资源，帮助他在规定期限内完成任务，或者向他提出建议“即使延误，至少希望你在 ×× 日前可以做完”。进行细致的调整，保证项目顺利完成，这便是项目经理的工作。

如果一个项目不赋予项目经理权限，不明确规定负责人、输出成果及交付期，那么这样的项目还是赶快停止吧。大家最终都拿不出成果，推来推去的也是毫无意义。

对于偶发事件也能随机应变

我从经营的角度对项目管理表的优点进行了整理。

软银集团就是使用这样的管理表来管理各个项目的。当年雅虎 BB 在应对投诉过多的问题时，也是将从各个环节收到的客户投诉分别登记到各自的管理表中，并明确记录会在何时解决问题。次品消除项目（负责分析调制解调器问题的原因、减少问题的发生）也是使用这种管理表进行管理的。

项目总是伴随着意外情况的发生，若能熟练使用项目管理表，就可以随机应变。为了让项目走上正轨，实现目标，大家一定要有效使用项目管理表。

项目管理表

经营方面的优点在这里！

- 优点1：任何人都能制作、都能理解
- 优点2：不产生更新成本
- 优点3：适合变更较多的体制
- 优点4：责任明确，故而不会再发生延误
- 优点5：可以向部门上司说明项目成员都在做什么，并根据需要请求支援
- 优点6：了解容易陷入的困境，项目经理可以实施重点管理

报告案例6

帕累托图

去掉几个要素，就能解决80%的问题

有助于发现问题关键的帕累托图

很多业务人员都会在工作中高效熟练地运用Excel，但使用帕累托图的人非常少。

帕累托图由柱状图（将工作现场引发问题的次品、缺点、投诉、事故等按原因分类，再按照从多到少的顺序重新排列后制作而成）和折线图（表示累计比例）两部分组成。

帕累托图制作完成后，各个项目所占的比例便会一目了然，便于尽早发现问题并解决问题。帕累托图有助于设立管理及改良项目的重点目标，被视为质量管理（QC）七大工具之一（顺便提一句，其他六大工具分别是特性要因分析图、检查表、直方图、散布图、管制图、层别法）。如此便捷的工具，没有理由不应用到实际工作中。当找不到问题所在时，强烈建议大家使用帕累托图。

在希望明确哪些项目应该优先对应时，帕累托图将是非常有效的工具，但使用 Excel 制作帕累托图没有那么简单。制作帕累托图不只是单纯地向 Excel 中输入数据并进行图表化，还需要花费一点点工夫和心思。

但这也只是习惯的问题，只要掌握窍门，任何人都可以顺利地制作出帕累托图。业务员在开展客户服务工作以及处理制造业生产现场的大批量业务时，同样也可以使用帕累托图。

借此机会，希望大家可以掌握帕累托图的制作方法，以便用于解决现场发生的问题或纠纷。

二八定律

此处，我们设想有一家移动通信服务公司，它的客服中心收到了关于调制解调器故障的投诉。

这个公司通过各个供应商向用户提供调制解调器租赁服务，近几个月来，一直因为调制解调器相关的投诉而倍感苦恼。

虽然都是关于调制解调器的投诉，但内容各异，比如调制解调器发出异响、网络时常掉线、通信速度非常慢、调制解调器发热、灯反复闪烁、下面有奇怪的液体渗透等。客服中心每天都会收到大量的投诉。

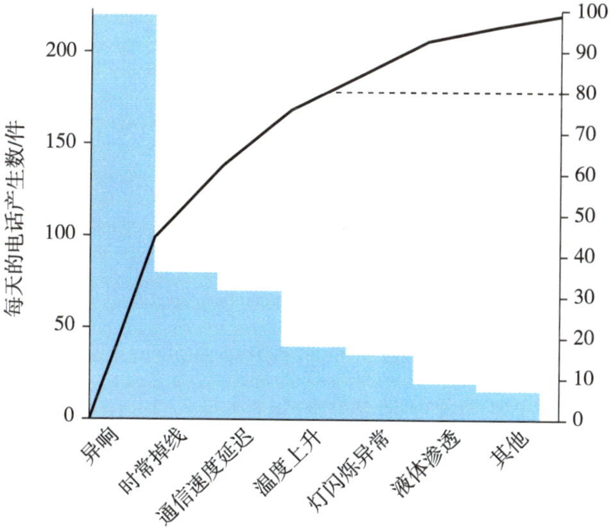

图 6-1 调制解调器故障的帕累托图

但是，由于投诉内容五花八门，负责人根本不知道从哪里着手解决。如果一个一个地解决，则效率太低；如果设定优先顺序进行对应，则解决起来就会很快。于是负责人决定制作帕累托图。

不知道大家有没有听说过二八定律。

二八定律也被称为“偏差定律”，是指 20% 的要素会在整体中占据相当于 80% 的比重。想要按照这一定律清除在整体中占比 80% 的要素时，帕累托图将会发挥巨大的威力。

在图 6-1 表示累计比率的折线图中，累计比率达到 80%

的是哪个项目呢？答案是“温度上升”。

也就是说，只要解决“异响”“时常掉线”“通信速度延迟”“温度上升”这4个问题，就可以消除80%的投诉。于是，通过帕累托图便可得出这样的结论——“其他项暂时推后，首先集中力量解决前4项”。

掌握了优先顺序，负责人就能知道该从哪里着手解决问题，比如划拨更多的预算，或者提供人手进行支援等，更加有利于制订计划。这就是制作帕累托图最大的好处。

帕累托图的制作方法

接下来，我将为大家说明具体的制作方法。

第一步是制作基础表格。将“异响”“时常掉线”“通信速度延迟”等与调制解调器故障相关的投诉按照每天电话数（实数）从多到少的顺序进行排列（表6-1）。

按照从多到少的顺序录入电话数（实数）后，分别计算各项在整体中所占的比例。计算结果显示，“异响”为46%，“时常掉线”为17%……然后再计算累计比率，“异响”保持46%不变，“时常掉线”的累计比率为与“异响”比率的合计值，即63%，后面各项也使用同样方法计算累计比率。

表 6-1 基础表格

	A	B	C
1	项目	发生数	累计比率
2	异常	220	
3	时常掉线	80	
4	通信速度延迟	70	
5	温度上升	40	
6	灯闪烁异常	35	
7	液体渗透	20	
8	其他	15	
9		480	

计算结束后，不要忘记在最上面插入一行，在累计比率部分记入数字 0。这个操作非常重要，缺少了这一步，累计比率的折线图便无法从 0 开始显示（表 6-2）。

表 6-2 计算累计比率

	A	B	C	D
1	项目	发生数	累计比率	
2			0	
3	异常	220	46	46%
4	时常掉线	80	63	17%
5	通信速度延迟	70	78	15%
6	温度上升	40	86	8%
7	灯闪烁异常	35	93	7%
8	液体渗透	20	97	4%
9	其他	15	100	3%
10		480		

下面开始进行表格化作业。

首先是正常作图。选定表格中项目、电话发生数和累计比率所在的区域，加工成简单的柱状图。这是制作帕累托图的基础（图 6-2）。不断加工这个图，最终就会形成帕累托图。

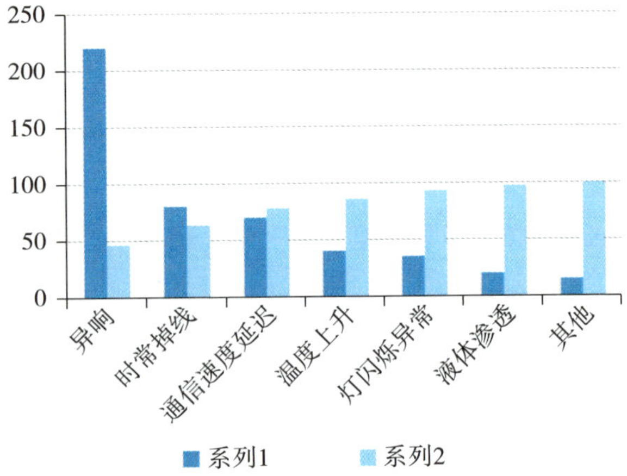

图 6-2 加工成柱状图

首先，为了显示出累计比率 0，左键点击选定图 6-2 的系列 2。将光标置于表 6-2 中累计比率表范围的右上角，向上拖拽，将 0 纳入表范围内。各个项目的电话发生数将会右移显示（图 6-3）。后续会再进行调整，所以可以先这么放着。图例比较碍事，所以此处删除。

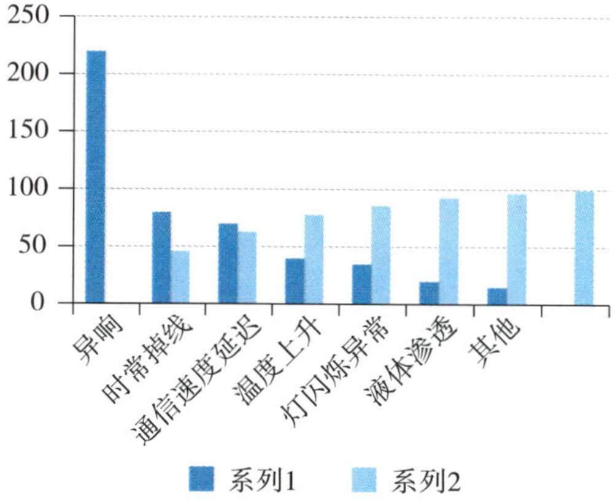

图 6–3 **右移后的柱状图**

接下来是将系列 2 的累计比率从柱状图变成折线图。左键点击选定系列 2 的柱状图后，右键从快捷菜单中点击选择“更改图表类型”（图 6–4），转换为折线图。这样，从 0%~100% 的累计比率折线图就制作完成了（图 6–5）。

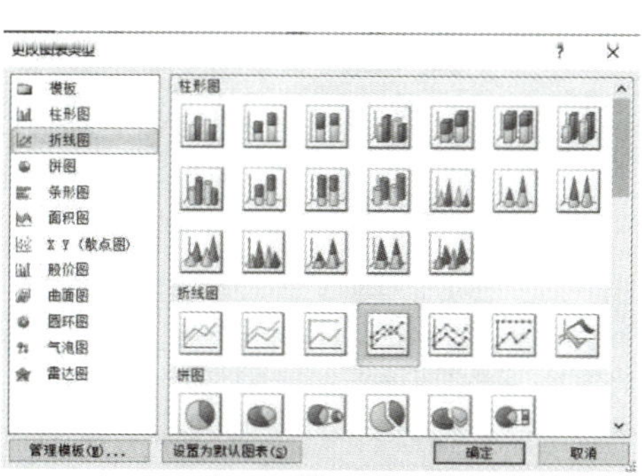

图 6–4 **更改图表类型**

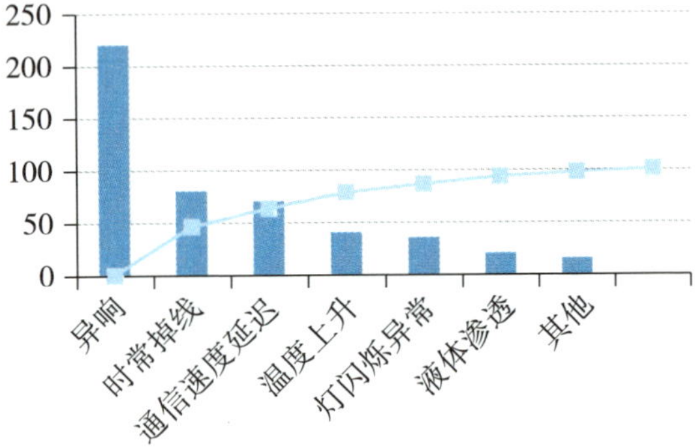

图 6-5　增加累计比率折线图

将此折线图转换成右侧也有刻度的双坐标轴图时，右键点击折线图，从快捷菜单中选择“设置数据系列格式”（图 6-6）。从“系列选项”中选择“次坐标轴”后，便可以在右侧显示出与折线图相对应的坐标轴（图 6-7）。

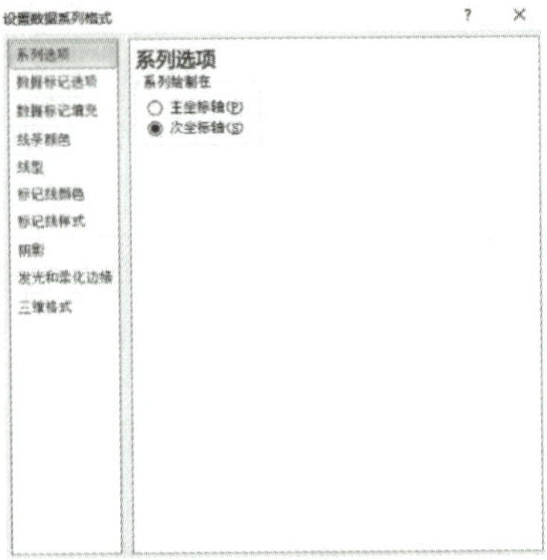

图 6-6　设置数据系列格式

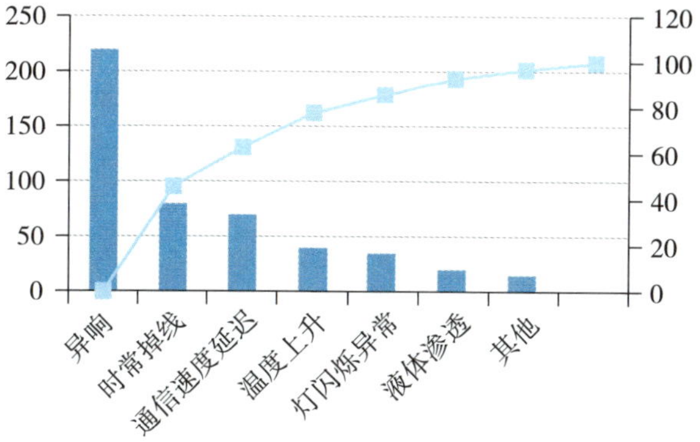

图 6-7　显示折线图坐标轴

注：以上图表使用 Excel 2010 制作。

固定最小值和最大值

接下来，请大家仔细看一下图的右坐标轴。最小值为 0，最大值为 120。这是因为累计比率的最大值为 100，所以虽然刻度无须显示到 120，但还是自动按照 120 设置。

左坐标轴的最大值设置为 250。电话发生数的最大值为 220，所以 Excel 中会自动将最大值设置为 250，而这就导致图上方出现了明显的空白区域。

于是就要变更坐标轴的最大值和最小值。左键点击选定右坐标轴后，右键点击打开“设置坐标轴格式”（图 6-8），选择“坐标轴选项”，固定最大值和最小值（图 6-9）。累计比率为百分比显示，所以最大值输入 100，最小值输入 0。

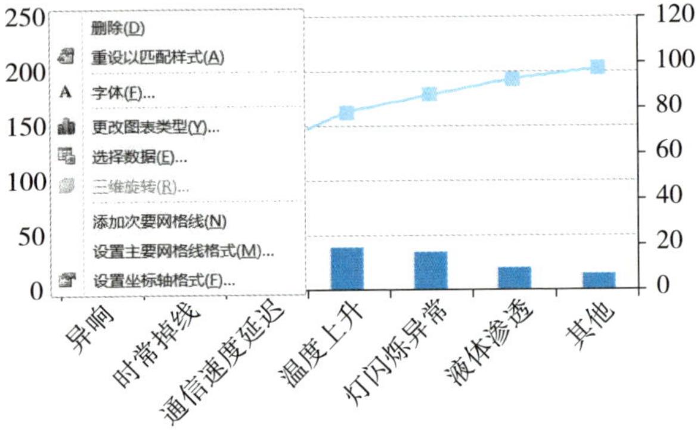

图 6-8　设置坐标轴格式

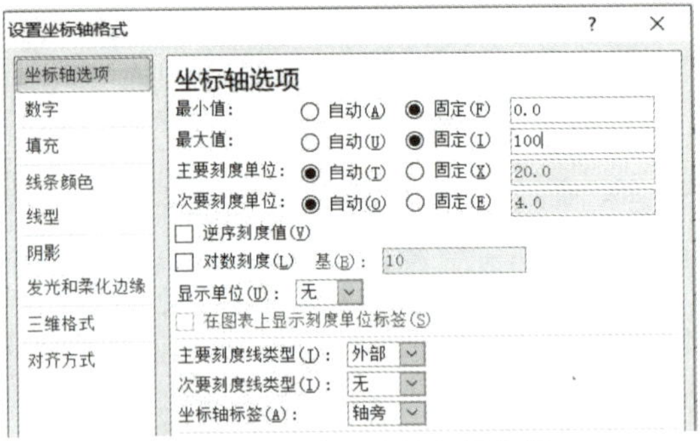

图 6-9　固定最大值和最小值

左坐标轴也按照相同方法，左键点击选定后，右键点击选择“设置坐标轴格式”。最大值输入最大实数 220，最小值输入 0。

如此一来，图的左坐标轴最大值变为 220、右坐标轴最大值变为 100，已经越来越有帕累托图的感觉了（图 6–10）。

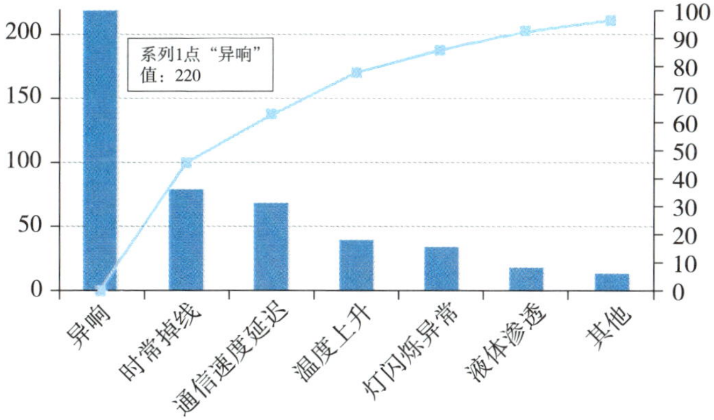

图 6–10 更改坐标轴最大值后的图

去掉多余要素，加工处理成简洁图表

帕累托图不需要标记，所以此处要去掉标记。选定一个标记后，点击，在选项中选定“无标记”，则所有标记都会消失，变为简洁的折线图（图 6–11）。

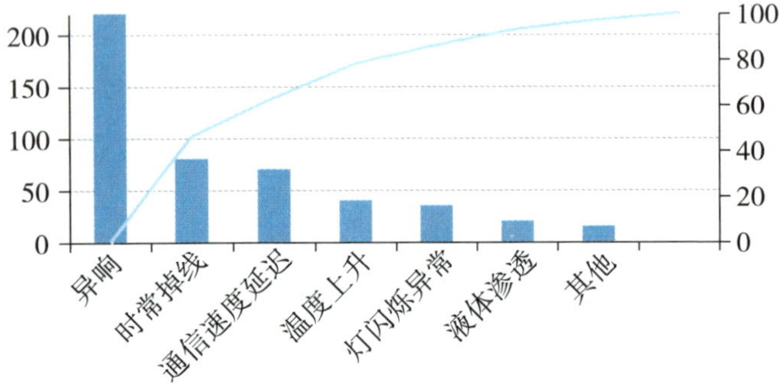

图 6-11　去标记的折线图

接下来的作业就是去掉柱状图中柱子之间的间隔。帕累托图中各个柱子间是不需要有间隔的。首先左键点击选定，再右键点击选择“设置数据系列格式”，将原为150%的“分类间距”调整至“无间距”，则各个柱子就会连在一起显示（图6-12）。

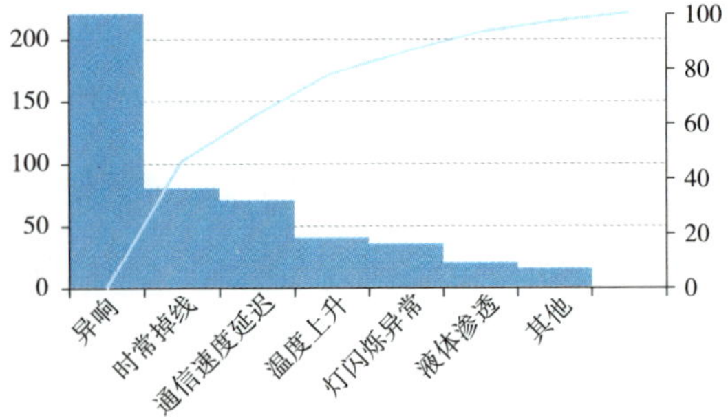

图 6-12　去掉柱形图中的柱子间隔

帕累托图即将制作完成。现在只差最后一步，即调整折线图的起始位置。

现在折线图的起点位于柱子中间，必须让其从0开始显示。

这个作业稍微有些复杂，不过无须担心，只要习惯了就会很简单。具体做法就是选定折线图系列后，点击图表工具“布局”，从中选择“坐标轴”，从“设置坐标轴格式”中选择“次要横坐标轴（S）”（图6–13）。再点击“显示从左向右坐标轴”（图6–14），则上方也会显示出与下方相同的坐标轴。

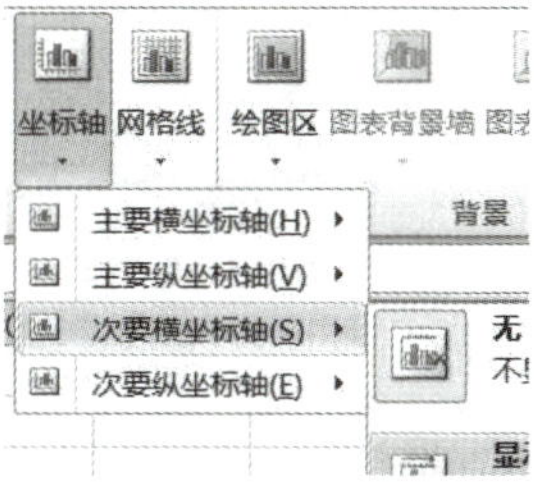

图6–13 找到次要横坐标轴

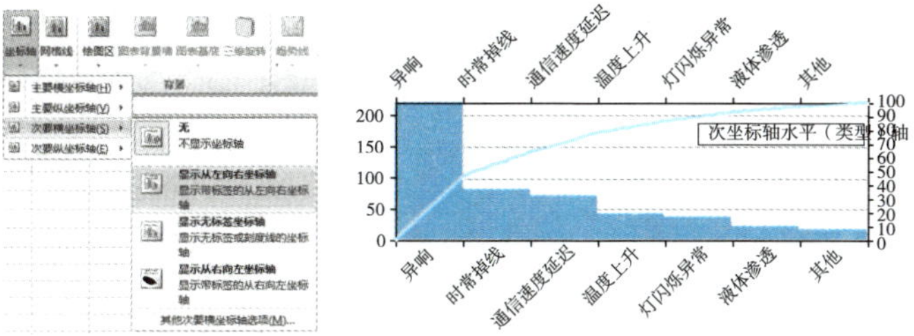

图6–14 更改次要横坐标轴

若想让折线图从 0 开始显示，只要移动新生成的次要横坐标轴即可。具体方法为从“设置坐标轴格式”中选择“坐标轴选项”，在“坐标轴位置”中选定“在刻度线上”，则坐标轴便会向左偏移，从 0 开始显示（图 6–15）。

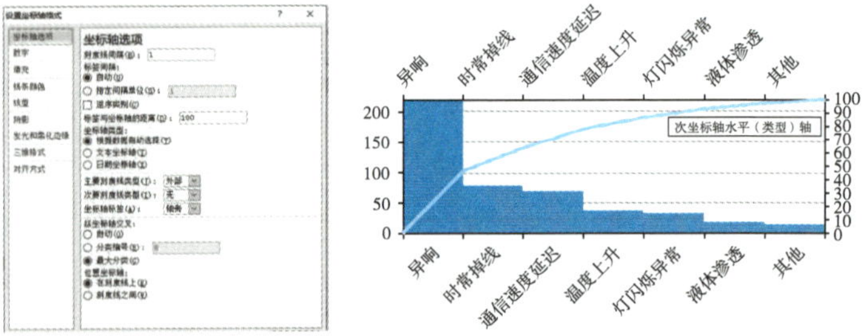

图 6–15 将坐标轴从 0 开始显示

这样一来，帕累托图基本上就制作完成了。剩下的就是进行最后加工，让图表看起来更加简洁易懂，即去掉新生成的次要横坐标轴的刻度线，再去掉坐标轴的标签。具体方法是右键点击新生成的次要横坐标轴，从“设置坐标轴格式”中选择“坐标轴选项”，将“主要刻度线类型”“次要刻度线类型”“坐标轴标签”全部设置为“无”。进行完上述操作后，图便会变得美观清晰（图 6–16）。

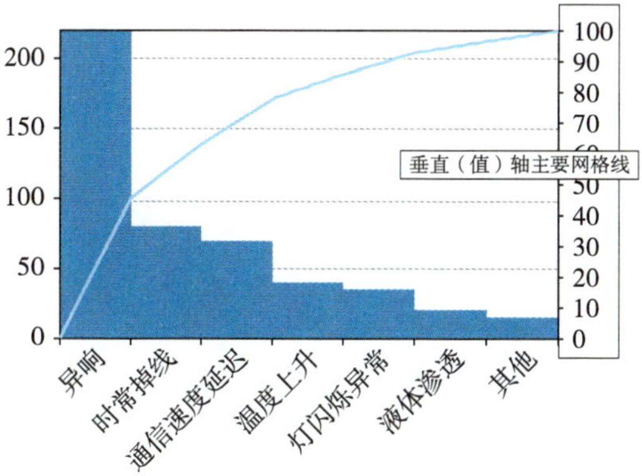

图 6-16 **设置坐标轴选项**

最后要删除网格线，只要左键点击选定后删除即可。这样一来，网格线也被删除了，简洁易懂的帕累托图终于制作完成（图 6-17）。

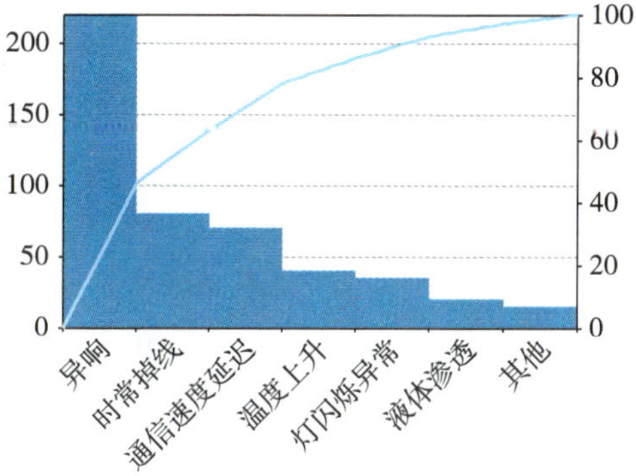

图 6-17 **最终的帕累托图**

大家感觉怎么样？不妨按照上面的说明试着操作一遍，相信大家一定可以轻松顺利地制作出帕累托图。

让所有人脱离稀里糊涂工作状态的有效工具

如果没有帕累托图，业务部门会变成什么样子呢？

业务部门的所有人已经意识到“现在存在各种各样的问题”，所有人都认为“无论如何都必须解决问题”。不论是经营者、管理者还是普通员工，这个认识都是一致的。

但是，大家不知道该从何入手。“暂且先从这里开始着手吧”“不行，从这里开始比较好”，大家各持己见，最终可能都无法解决问题，全部半途而废。

如果管理者偶尔大喊一句“这里好像有问题”，那就不得了了。下属们不会考虑优先顺序，立刻回答“马上对应流程”，但最终对于解决问题没有起到多大的作用，相信很多人对于这种情况都不陌生。

不知道目前自己正在做的事情会对解决问题起到多大作用，不清楚这样做是否真的可以提高客户满意度，所有人都在稀里糊涂地工作，不得不说这种情况是一个悲剧。

始终在工作，却看不到出口。这个时候可以帮助大家解决问题的就是帕累托图，它是让全体员工可以理清解决问题优先顺序的便捷工具。

制定运用规则，实施运用确认

帕累托图的作用之一是促进公司下游（如客服中心）与上游之间的交流。设置优先顺序后提出要求，可以实现上下游之间的顺畅对话，让事情朝着改善的方向发展。

所有人都很忙，如果只是没头没脑地说一句“好像有异响”，则没有人会轻易地做出任何行动。可如果跟上级说明异响问题所占的比例，请求上级优先解决异响问题，那么上级也会方便处理。

帕累托图可以让人清晰地了解到该解决哪个问题才能减少相当大的一部分投诉，发挥着非常大的作用。

雅虎BB的客服中心曾借着制作帕累托图的机会，对“异响”这一症状进行详细调查，结果发现存在三种类型。而引起“异响”的原因，有一半是因为空气流通用的细长缝隙处容易堆积灰尘。

原因一旦查明，便可以迅速开展后续作业。或缩小缝隙宽度，或加大缝隙，或不留缝隙，可以将解决对策缩小到几个选项。

若只是墨守成规地制作，则无法发挥出应有的作用

制作帕累托图时，要明确规定运用规则，并仔细确认其是否得到了正确有效的运用。

拿之前的例子来说，同时出现“异响”和“温度上升”两个症状时，应该算哪个项目呢？这些都要明确定义分类并进行确认，若没有这个过程，便无法得到有效的分析结果。

除了明确定义分类外，还要将所有的投诉内容都大体地浏览一遍，这一步也是必不可少的。

比如说都是“温度上升”，有可能是热到快要着火了，也有可能只是“感觉有些热”，因此必须要确认分类项目是否正确。另外，还要提前想到写报告的人填错项目的可能性，确认运用是否正确。

当年，软银的客服中心每天会收到 3 万个电话。我们针对 3 万个电话全部进行了满意度调查，而收到回复的大概有 2 000 份。

我们对于“您对客服中心的服务是否满意”这个问题，设置了“满意”“比较满意”“一般满意”“比较不满意”“不

满意”共 5 个等级的评价。客户除了要为接线员打分外，还要在空白栏中填写各种各样的意见和建议。

这个意见栏里写的都是客户在问题没有得到解决时的感想、意见和不满。换句话说，这个意见栏中记录了问题发生后没有启动应对流程的实例，是我们掌握此类问题的宝贵信息源。

为此，我当时每天都会将收到的 2 000 份调查表全部浏览一遍，确认接线员对调制解调器故障的分类是否正确，运用是否存在问题，并在每天的晨会和晚会上进行报告。每天傍晚 5 点钟召开晚会时，各类问题的对应人员都会参加，我会当场跟他们确认“客户指出了这样的问题”“是不是服务没有做好”。而这种做法无疑提高了使用帕累托图实施验证作业的效果。

最终，能否有效地利用帕累托图，完全取决于有没有对分类定义和运用等进行仔细确认。帕累托图实际有效，外观也好看，看起来很有说服力。但如果只是掌握了帕累托图的制作方法，却不看具体内容，只是墨守成规地去制作，则是没有任何意义的。或许有很多人认为“只要成果看起来感觉不错就可以了”，可我对此始终持反对意见。认真掌握具体内容，这一点至关重要，最好是始终保持怀疑态度：“里面也许存在着某些至关重要的信息。”

报告案例 7

回归分析

培养经营者思维（数据感）的回归分析

不做回归分析之人的话一概不听

在介绍完帕累托图之后，我将继续为大家介绍作为统计分析方法之一的回归分析。

回归分析是用一次方程式（$y = ax+b$）的形式表现多个变量之间关系的分析方法。说得更直白一些，就是一种预测相互影响的事物之间因果关系的方法。

自从2001年软银集团刚开始从事通信业务起，孙社长便提出“不进行回归分析之人的话，今后一概不听”，于是所有员工都不得不彻底实施回归分析。

我当时内心也是一片慌乱：“回归分析应该怎么做？”

那是一个新的起点，所有员工都开始在业务中贯彻实施回归分析，不敢有丝毫懈怠。实际上，只要掌握了其中的窍门，回归分析就会变得很简单。我个人认为，运用回归分析方法是软银集团通信事业得以飞速发展的主要原因之一。

那么，孙社长为什么如此执着于回归分析呢？其原因就在于熟练运用回归分析，可以确认自己正在思考的假设是否正确。通过“简单的数据”，便可以明确自己正在推进的业务是怎样一种结构。

“任何事物都要通过数据来掌控”，这是孙社长的基本态度。不管是公司的销售额还是股价，只要看到相关数据，孙社长便会随时计算出正在规划的事业与这些数据之间的相互关系。

而说到孙社长计算的精度，那可谓分毫不差。做什么事情，业绩会有何种程度的提高，会获得多少利润，通过频繁地进行敏感度分析（定量测量某一指标发生一定程度的变化时，会对结果产生什么样的影响），就可以掌握通过数据预测未来的能力。

有助于培养经营者

毫不夸张地说，孙社长现在只要看一眼数据，就可以做出大致的预测。

“最终要学会使用你的原力去感知！”

这是孙社长的口头禅。诚如大家所知，“原力”是电影

《星球大战》中绝地武士操纵的一种超能力。这句话听起来好像是在开玩笑，但我认为那是孙社长的心里话。

熟练的寿司匠人在捏寿司时，拿捏的分量就像是称量过的一样，克数总是固定不变的，夸张点说，这就很接近原力的世界。

孙社长所追求的原力，就是通过不断训练、不断积累而获得的一种数据感。只要掌握了这种数据感，便可以成为一名强大的经营者。

从这个意义来讲，软银集团的回归分析修行也可以说是培养经营者的一个环节。想要达到孙社长的境界绝非易事，但反复训练，学会通过数据来掌握决定业务的要素总归是没有坏处的。而若想具备经营者视角，也必须要掌握回归分析。

我终究无法比肩孙社长，但在学习掌握回归分析的过程中，我切实感受到了自己观察数据的能力得到了相当大的锻炼和提升。不论文科理科，只需运用一些小窍门，所有人都可以学会回归分析，而大家首先要做的就是克服因不擅长而存在的恐惧心理。

反映因果关系

人们经常举的一个简单易懂的回归分析实例就是冰激凌的销售额与日最高气温之间的关系。

气温升高，人们就会想吃冰激凌，冰激凌的销售额就会增长。那么，气温升高多少，冰激凌的销售额才会开始增长呢？又会有多大幅度的增长呢？运用回归分析方法进行分析，便可以通过公式“冰激凌销售额 y ＝ ax+b”表现两者之间的这种关系。

观察销售额与电视广告之间的因果关系时，也适合使用回归分析。“播放多少电视广告，销售额应该可以提高多少”，明确了这一因果关系，就可以根据目标销售额计算出合理的电视广告费用。

这就是统计术语中所谓的“控制”。这个词听起来也许比较难，而实际上就是“可计划”的意思。

另外，通过身高预测体重时也会使用回归分析。此种情况下，与其说是寻找因果关系，倒不如说是寻找相互关系更为合适。根据身高与体重之间的普遍性关系，可以预测出某一高度的身高对应的体重大概是多少。

顺便说明一下，要预测的变量叫作“目的变量”，对于目的变量进行说明的变量叫作“说明变量”。拿冰激凌的销售额与气温的例子来说，冰激凌的销售额为目的变量，气温为说明变量。

目的变量始终是一个，但说明变量有多少个都可以。只有一个说明变量时称为单变量回归，有两个或两个以上说明变量时称为多元回归。

冰激凌的销售额和气温的回归分析属于单变量回归分析，但如果在分析中再加入湿度要素，则会变成多元回归分析。目的变量依然是冰激凌的销售额，但说明变量变为两个——气温和湿度。

可能有很多人一听到统计这个词就会头疼，不过与其他的统计方法相比，回归分析更加直观易懂，且应用范围广泛。掌握回归分析方法，将更易于制订下一步计划，更有利于实现计划与实际业绩的 PDCA 循环的顺利运转。

不要忘记决定系数

接下来，让我们实际举例进行回归分析。

此处设想有一家手机专卖店，我们要观察其每天的客流量与签约件数之间的关系。

首先使用Excel制作图表。方法很简单，只要输入实数（表7–1），再从图中选择“XY散点图”选项，便能很快制作出分别以每天的客流量及签约件数为横纵坐标的图（图7–1）。

表7–1 输入实数

	A	B	C
1	地点	每天的客流量（人）	客单数
2	A	1 300	630
3	B	1 100	580
4	C	500	300
5	D	400	280
6	E	350	200
7	F	320	380
8	G	280	140
9	H	210	100
10	I	200	120
11	J	180	95

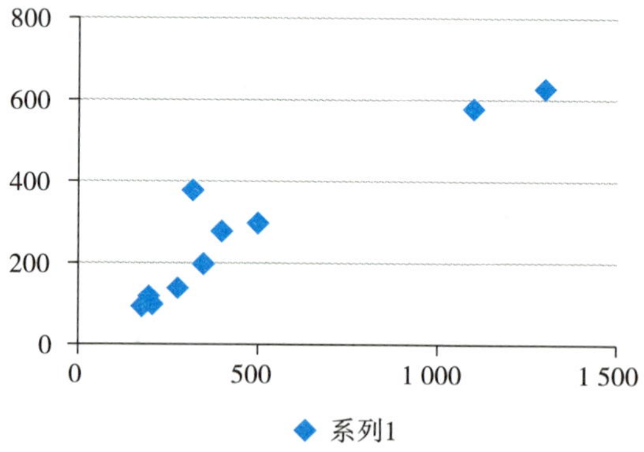

图7–1 xy散点图

接下来，从“图表工具”的“布局”中选择“趋势线”后，点击“线性趋势线”，便可以画出一条表示每天客流量与签约件数之间关系的单变量回归分析直线（图 7–2）。

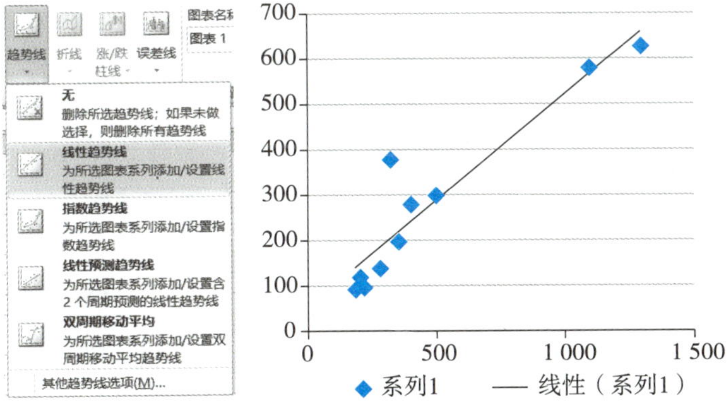

图 7–2 单变量回归分析直线

回归分析到此完毕。回归分析图实际做起来要比听起来简单得多，比帕累托图更加省事，不过之后还有一项重要的作业。那就是要掌握这条趋势线与实际情况的拟合程度。得到的回归方程式并非总是符合实际的，想要知道是符合还是不符合，必须要计算出表示回归直线（通过回归分析求得的直线）与实际分布情况间拟合程度的值。

为了得到这个值，首先要双击刚刚画出的趋势线，双击后会弹出趋势线的格式设置页面，从“趋势线选项”中勾选

“显示公式”及“显示 R 平方值”（图 7–3）。

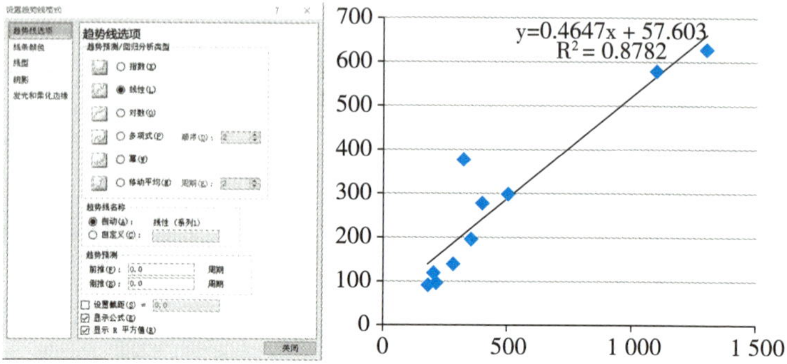

图 7–3　更改趋势线选项

R 平方值是表示一次函数直线“y = 0.4647x+57.603”与实际之间符合度的值，称为“决定系数”。这个决定系数越接近 1，说明回归直线对实际分布情况的拟合程度越好，如果决定系数在 0.5 以上，则表示精度很高，可以认为回归直线对实际分布情况的拟合程度非常好。

那么，图 7–3 中的 R 平方值的拟合程度如何呢？经确认发现，图 7–3 中决定系数为 0.87，回归直线对实际分布情况的拟合程度相当好。手动计算 R 平方值会非常麻烦，但若是使用 Excel 的话，计算起来就非常简单省事。

在图上显示这个决定系数，便可以轻松地向所有人说明趋势线的准确性。反之，如果不显示这个决定系数，在谈论趋势线的拟合程度时就有可能引发争议。因此希望大家务必在图中显示决定系数。

PDCA 循环合理运转

有了回归分析图，今后想要增加手机的签约件数时，便可以轻松制订计划。假设设定的目标为签约件数增加 5 000 件，那么根据该回归直线计算，就需要在有 1 000 位客流量的地方增加 10 项普及推广活动。

当然，若想开展那么多项活动，就需要雇用兼职人员。但可想而知，这样一来，人员的工作熟练度不够，最终的结果只会比现在更差。

那么，就必须从现在开始加强员工培训，提高工作熟练度，为此将需要两三个月的时间。

由此可见，回归分析有助于找出后续计划与现有资源之间的差距。

并且，如果开动脑筋想办法，还可以超额完成计划，促使 PDCA 循环符合逻辑地运转是回归分析独有的优点。

结合我在软银集团工作期间的实际经验来说，当时我们就是以回归分析为基础，制订相应计划（比如“若是在这个地方，应该可以获得这么多的签约件数”），计算相关数值（比如“必须架起多少营业用遮阳伞”“必须协调多少人手”等），最终促使宽带事业不断发展壮大。

实际计算时，不单单要考虑地点，还要考虑人数和熟练度等要素。虽然此处所举的例子里仅包含签约件数与客流量数，但是基本思想是完全相同的。

可以实施“遗漏检查”

回归分析的另一大优点就是可以实施“遗漏检查”。如果决定系数小于等于 0.5，便有可能与自己没有想到的其他要素有关。拿手机签约一例来说，便可以认为除了客流量，签约件数还与天气、气温等其他要素有关。

换言之，回归分析可以验证自己的假设是否正确，这就是“遗漏检查”。

只要可以熟练运用回归分析，就能通过数据明确自己正在推进的业务是怎样一种结构，这便是回归分析有利于培养经营者的原因。

在所有数据运用概念中，回归分析最为本质，也正因为如此，它才能发挥巨大的功效。

不少人只要一听到数据和统计就想敬而远之，也有很多人觉得自己不擅长而存在恐惧心理。可如果开展业务时不懂回归分析，那就太可惜了。

希望大家不要一开始就对统计分析抱有偏见，可以首先从单变量回归分析开始学起。重要的是尝试着去做。在多次失败、反复摸索的过程中，大家将学会识别各种各样的因果关系和相互关系。相信通过不断积累，大家都可以培养出对业务数据敏锐的感觉。

报告案例 8

过程分析表

进行过程定义，关注各过程的产出率

以过程为单位跟踪管理业务进展情况

任何一项工作都一定有开头和结尾。

从起点到终点，哪个阶段发生了问题？对下一阶段产生了怎样的影响？找出其中的因果关系，就能尽快解决问题。在以过程为单位跟踪管理业务进展情况、寻找问题的关键时，报告案例 8 中提到的过程分析表将会成为非常有效的工具。

此处我们设想有一家销售健康食品及保健品的邮购公司。这家公司也会在网络上接受申请，但最主要的还是通过电话销售活动（Outbound）招揽客户。有一点大家可以顺便了解一下，那就是 Inbound 是指接听客户的咨询及订购等来电的业务活动。

这家以电话销售活动为主的公司在某段时间内向客户拨打了两万通销售电话。呼出对象为过去曾经申请过免费样品，但至今没有申请订购产品的客户。

请大家看表 8-1。在这个表中记载了业务内容及其费用和实施内容。大家从表中可以看到，呼出两万个销售电话所需的费用为 300 万日元，寄送 2 000 封申请表的邮费为 68 万日元，事务中心受理 800 件、审查 600 件所需的成本为 128 万日元。在表上还显示了最终获得客户的件数为 400 件。

表 8-1 实际营业业绩报告

业务内容	费用	实施内容
呼出式营销中心运营费	300 万日元	呼出两万个销售电话
邮费	68 万日元	寄送 2 000 封申请表
事务中心成本	128 万日元	受理 800 件、审查 600 件

注：最终获得客户件数 400 件。

但是，能从这个表中掌握的内容仅此而已。表中仅列出了各个项目的数据，只是从表面上显示了已经处理的件数，完全看不出应该做什么以及怎么做。如果有人在看到这个表后能够知道应该改善什么以及如何改善，那么这个人可能是拥有超能力。

定义入口与出口，跟踪管理变化情况

从电话销售活动到最终获得客户（即申请人通过信用卡公司的审查并购买健康食品），中间存在多个过程。若想掌握问题的关键，就必须详细了解呼出两万个电话后，各个过程分别发生了怎样的变化、花费了多少成本。

现在，让我们具体看看各个过程。

电话销售活动的下一个步骤是什么呢？答案是寄送申请表。拨打电话时，如果客户回答说“那就请给我寄一份申请表吧”，则工作人员要尽快向这些有意订购者寄送申请表。

但是，寄送的申请表并非全部都会顺利送到客户手中。由于地址记录错误、客户搬家等原因，申请书被退回的情况也多有发生。届时，就需要再次确认客户地址，并重新寄送申请表。

将退回的申请表重新寄送到正确地址，设法完成寄送作业后，接下来就进入受理过程。收到客户寄过来的填有必要项目的申请报告后，要将其作为“正式申请”进行受理。

但是，工作到此并未结束。虽说好不容易有客户申请购买商品，但是如果不能通过信用卡审查，则无法收款。此处就要进入信用卡公司的审查阶段。邮购公司只会向审查后确认没有问题的客户按照申请内容寄送健康食品。到了这个阶段，才是真正意义上的“成功获得客户”。

换言之，这一系列销售流程的入口是电话销售活动，出口是开始寄送商品，即健康食品，分母是呼出的销售电话数两万件。这些内容必须首先明确。如上所述，制作过程分析表的具体作业就是在清晰定义入口与出口，明确入口数值（分母）的基础上，跟踪确认入口数值在去往出口的过程中如何变化。

产出率为什么变成了 10%

我将电话销售活动设置为入口，以两万件为分母，尝试着用图来表示各个过程中数字是如何变化的，以及产生了多少成本，也就是图 8–1 的营业流程分析。

从图中可以看出，花费 300 万日元成本呼出的销售电话数为两万件，进入接下来的“寄送申请表”的阶段后，数量减少到 2 000 件。两万件的电话数骤减至 2 000 件，即该阶段的产出率为 10%，相当于接听电话的 10 个人中只有 1 个人提出了订购申请。

大家再看下一个过程。

该邮购公司花费 68 万日元的费用，向表明申请意愿的 2 000 位客户寄送申请表后，收到了 800 件填有必要事项的申请表。为受理这 800 件申请表，该公司所花费的成本为 8 万日元。

该公司从上述 800 件申请中挑选出 600 件，花费 90 万日元委托信用卡公司进行审查，最终通过审查的有 400 件。

这就是此次电话销售活动最终获得的客户数。向通过信用卡审查的客户寄送健康食品的费用为 30 万日元。一系列的营业活动至此终于结束。

相信大家已经从图 8–1 看出问题所在。电话销售活动产出率低是该邮购公司面临的最大问题。虽然有两万名客户接到了推销产品的电话，可在下一阶段做出响应的客户数占比仅有 1/10。

这两万名客户都曾在以前申请过免费样品，因此可以认为他们对该公司的健康食品颇有兴趣，即为潜在客户。可即便如此，电话销售活动后的客户响应率仅有 1/10，其原因何在？提出这样的疑问是解决问题的开始。

单看表 8–1，不会产生这样的疑问。只有明确入口和出口，观察分母的变化及成本，才能提出“为什么会这样？”这种简单的、根本性的问题。

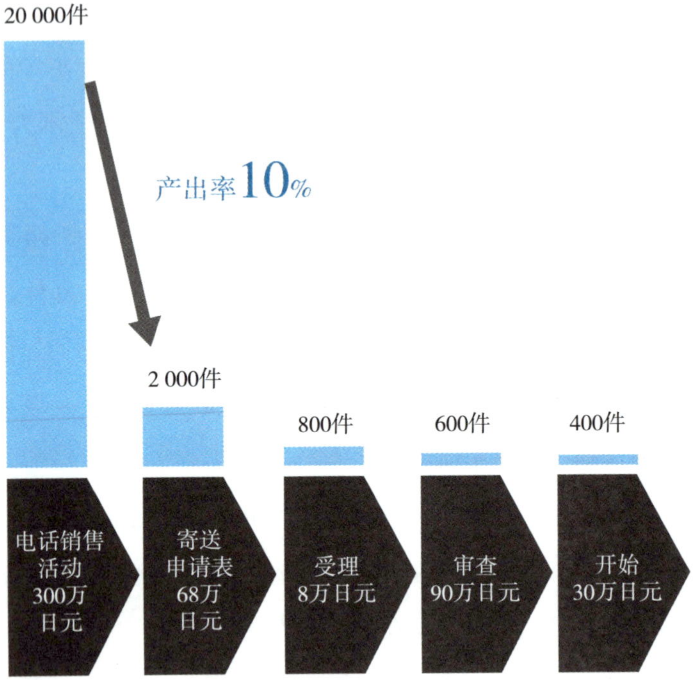

图 8–1　营业流程分析

注：每位客户的获得成本为 1.24 万日元，电话销售活动后的产出率是最大的问题。

拨打电话的时间段有问题？！

健康食品公司的销售负责人给以前曾申请过免费样品的客户打电话，向客户推销产品，可只有少部分的客户同意其寄送订购申请表，这是为什么呢？

可以想到的理由之一就是电话的内容有问题。可能是推销说明的内容带有强迫性，也可能是没能让客户了解到健康食品的益处及优点。

能想到的另一个理由就是拨打电话的时间段有问题，这无疑也是一个可能性较大的假设。

“且不说健康食品的内容如何，这些人根本不考虑我时间上方便不方便，偏赶在傍晚的繁忙时段打电话来。”如果客户对此感到不满，就根本不会考虑申请订购产品，这个理由的可能性非常大。

实际调查后发现，该公司将拨打销售电话的时间限定在晚上 6 点之前，所以电话多集中在傍晚的繁忙时段。于是，该公司决定将拨打电话的时间延长到晚上 8 点。事实表明，时间延长后，产出率提高了 5%。虽然电话内容相同，但由于客户在接听电话的时间段已经吃完晚饭、收拾停当，时间上比较充裕，故而使得电话销售的效果得到了显著提升。

决定优先顺序，思考解决对策

寄出 2 000 件申请表后，只收到 800 件反馈，受理率低也是一大问题。

会不会是信封不太显眼，客户根本就没打开看呢？会不会是申请表的填写事项过多呢？此时就需要建立这样的假设并进行调查。委托信用卡公司审查的件数是600件，却只有2/3，即400件通过审查，是不是因为客户名单的信用度低呢？

像这样针对各个过程建立假设，按照优先级从高到低的顺序逐个解决，便能轻松取得成果。拿这个案例来说，优先级最高的就是电话销售活动产出率较低的问题，所以首先要从这个问题入手。

如果仅是用最终的数值除以最初的数值（两万件）来计算最终的产出率，便看不出问题出现在哪个阶段，也就很难决定优先顺序。若是“一刀切”式地采用某一看似有效的方法，则无法取得明确的成果。

从数据来看，过去实施电话销售活动时曾取得很好的成绩，可这一次结果却很差，原因是什么？是上一次纯属偶然？还是这一次与上一次之间存在着某些决定性的差别？若想找出差别，就要决定优先顺序并进行验证。重要的是不能着急，要一个一个地实施。

定义的重要性——蝴蝶与飞蛾

在报告案例 1 的群管理中我已经就定义的重要性进行了论述，而对于过程分析表来说，定义也是非常重要的。如果不是一个过程一个过程地明确定义，把握业务与业务之间的“间隔”，便无法明确这个作业是什么作业，从而无法掌握实际情况。

为了说明定义的重要性，我想跟大家谈谈蝴蝶与飞蛾。

在日本，蝴蝶和飞蛾被视为两种不同的昆虫。但是不知大家是否听说过，有一个国家是不区分蝴蝶和飞蛾的，将二者统称为“蝴蝶”。

这个国家就是法国。在法国，蝴蝶和飞蛾都被称为“PAPILLON”，并没有被分别定义。也就是说，对于法国人来说，蝴蝶与飞蛾没有区别。

日本人会将白天活动、停留时翅膀并拢、幼虫为毛毛虫的昆虫称为“蝴蝶”；其他则称为“飞蛾”。但实际上，这两种昆虫在生态上并没有明显的差别，二者同属“鳞翅目”，是无法明确区分的。

从这个意义上讲，将蝴蝶与飞蛾视为同一种生物的法国是正确的，然而这个事例并不是为了说明法国和日本哪一方是正确的，而是为了说明“事物一旦有了明确的定义，人们就会根据定义识别事物并采取行动”。

如果大家认为这个是“蝴蝶”，那个是“飞蛾”，那么事物就会根据定义发生变化。定义无须严密，只要在合理的误差范围内便可成立。

因此，希望大家能够在工作中进行明确的业务定义及业务划分。如果没有定义，就要由大家统一定义，这个环节切不可忘记。

找到业务“漏洞”

此处，让我们来总结一下过程分析表的表现要点（请参考下一页）。

重要的是观察最初的两万件在各阶段发生了怎样的变化，活动结束时结果如何，即观察数据的变化及产出率。之后只要从产出率较差的过程开始着手解决问题即可。

在我从事顾问工作的过程中，最大的感受就是很多公司根本没有进行定义，只是没完没了地追求数据。这样的公司一旦出现问题，常常会将问题视作异常数据处理。

而这样的话，到任何时候都无法从根本上解决问题，也无法控制成本。在“分多个过程分别实施作业，经过中间成果，最后获得最终成果”这种类型的企业工作中，可以大范围地使用过程分析表。

过程分析表

表现要点在这里！

要点 1 明确定义过程

要点 2 明确最初投入部分的分母（与群管理同样逻辑）

要点 3 掌握各过程的产出率

只要按照表现要点 1~3 进行分析，就一定能够发现业务的“漏洞”，找到解决问题的出路。

报告案例 9

演示

有数据为依据的“一条主旨、一张图片”

认识到演示与策划案的区别

演示有其固有的方法。只要在演示时充满自信，按规矩行事，就一定可以说服观众，引起观众的共鸣。

在报告案例 9 中，我将为大家介绍简单易懂且具有说服力的、可以打动观众的演示方法。

首先，希望大家理解演示与策划案的区别。说起来，二者的主角是完全不同的。演示的对象是不特定的多数人，其主角是演示者。使用 PowerPoint（微软公司的演示文稿软件）的演示报告只不过是衬托主角的配角，起辅助作用。

策划案的主角不是“人”，而是策划案本身。策划案面向特定的读者群，而不是像演示那样以不特定多数人为对象。

很多时候，策划案会脱离制作者独立存在，甚至应该说制作策划案的大前提就是它可以独立呈现在读者面前。

策划案与演示用幻灯片距离受众的远近也有所不同，策划案与读者之间的距离较近。策划案中通常会记录很多文字，读者会将其拿在手中，积极主动地去获取信息、掌握信息。

但是，用 PowerPoint 制作的幻灯片不是这样。当演示者设计幻灯片时，会设想观众的位置在数米以外，会在距离幻灯片较远的地方观看投影内容，所以如果加入过多信息，观众就会跟不上节奏。

电视 = 演示

电视与互联网的关系与之较为相似。一直以来，业界举办了各种宣传活动，并发售了相关产品，鼓励用户将电视连接到网络上，实现双向使用，然而这种形式却始终没能得到普及推广。究其原因，就是受到“距离”的影响。

使用不同设备时，身体的姿势以及身体与设备间的距离会有所不同。人们在看电视时一般都会保持一定的距离，大概只有小孩子才会使劲往画面前凑。而人们在上网时，一般都会把终端设备拿在手里近距离观看。观看演示与看电视类似，人们看电视时是在距离较远的地方操作遥控器、观看电视画面，而观看演示时则是在距离较近的地方观看投射到屏幕上的 PowerPoint 幻灯片。

由于上述原因，用电视上网的形式永远不会得到普及发展。同样道理，使用 PowerPoint 制作的演示用幻灯片不适合用作策划案，而策划案也不适合用作演示报告。

主角不同，与听众之间的距离亦完全不同，所以即便是相同的主题，也不可以将策划案直接用作演示报告。我们经常会看到有人随意地将两者混用，实在是大错特错。策划案与演示报告必须分别制作。

要将大部分的时间花在幻灯片中没有记录的内容上

正如我前面所说，演示者是“主角”，使用 PowerPoint 制作的幻灯片是“辅助”，这是演示的本质。

然而，在演讲会或研讨会的会场上，不遵守这一原则的演示非常之多。不知道大家有没有遇到过这种情况，本应作为主角的“人”，最终只是照本宣科地朗读幻灯片。观众根本不会去看演示者的脸，只顾低头看报告。观众从主角口中听不到任何幻灯片以外的内容，不知不觉就会感到无聊，然后进入梦乡。

某些企业的决算发布会，简直可以作为失败演示的典型案例。

举办方将幻灯片缩小成不足原来一半大小的报告，在会场上分发下去。出席会议的媒体相关人员就座后，立刻以迅雷不及掩耳之势翻阅报告，至于演示内容如何根本无所谓。因为他们出席会议的目的不是听取决算发布会的演示内容，而是获取报告，所以出现这种情况也是情理之中。

如果作为主角的演示者只是照着幻灯片念，那么这种演示不会带来任何感动，不可能打动人心。

若想在演示中吸引观众迫切地想去得到更多的说明，引起观众的共鸣，让观众被说服并深深感动，让说明的内容清晰地印刻在观众的脑海中，演示者就不能只是照着幻灯片念，而是要将大部分的说明时间花在幻灯片中没有的内容上。不能以朗读幻灯片的口吻进行说明，而是要像跟观众“对话”一样，灵活运用幻灯片，同时传达自己想要传达的主旨。

能让人瞬间看懂的幻灯片是最好的

那些可以打动人心的演示用幻灯片，每一页的主旨都简洁易懂，让所有人在看完以后都能领会它想要传达的信息。幻灯片中明确地记录着企业的战略主旨，便于观众轻松理解。

而那些无法打动人心的演示用幻灯片，常常是说明的内容过多，在一页幻灯片中加入过量信息，乍一看根本不知道它想要传达什么。信息量过多的幻灯片已然不再是幻灯片，更像是读物，会令观众弃之而去。

下面我将为大家介绍一个幻灯片的例子（图 9–1）。

标题是“减肥市场的现状”。该幻灯片中记录了三项内容，分别是表示日本成年人肥胖率的饼状图、表示各个年龄段的体重控制率和减肥市场规模变化的柱状图。

图下方是长长的文字记录“日本成年人的肥胖率已经超过 35%……”，内容多达 4 行，读起来应该会比较费时间。

看了这页幻灯片以后，恐怕只有演示者本人及相关人员才能领会到它想要传达什么内容。我们从这页幻灯片中可以直观地了解到两点信息，一是日本人的肥胖率好像很高，二是从各个年龄段的情况来看，似乎是年龄越大，进行体重控制的人比例越高。

“由于上述原因，减肥市场的规模也在逐年扩大。”如果我们仔细看一遍报告的话，倒是可以推测出这一信息，但如果演示者想通过这些报告将这一主旨传达给观众，那这种表现形式就比较晦涩难懂了。

实际上，这张幻灯片最想表达的内容就是减肥市场很有发展前景，但无论是图还是文字内容，这一点都被放在最后

日本成年人肥胖率

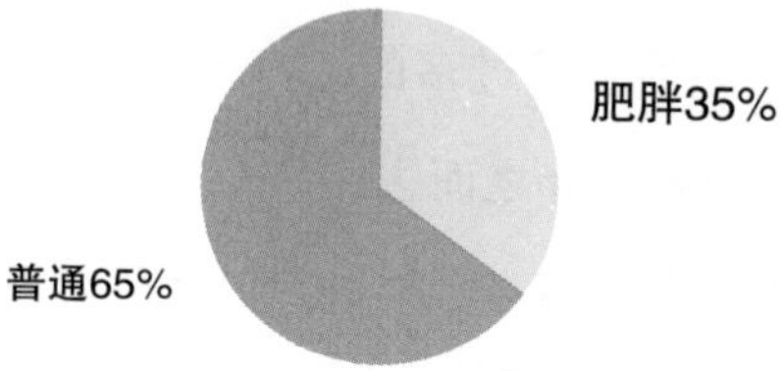

资料来源：厚生劳动省“百姓健康/营养调查2013”。

各个年龄段的体重控制率

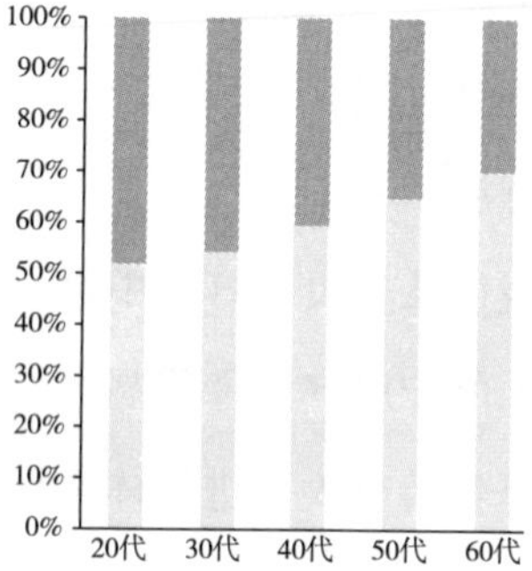

资料来源：厚生劳动省“百姓健康/营养调查2013”。

减肥市场的市场规模变化

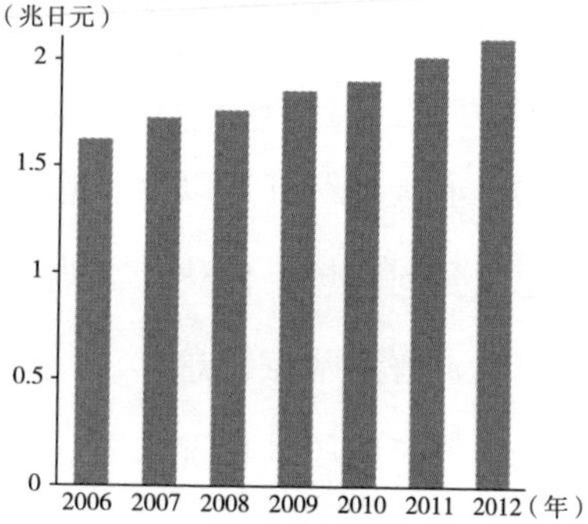

资料来源：健康总研“减肥市场调查2012”。

日本成年人的肥胖率已经超过35%，由此导致各个年龄段的体重控制率分别为20~30岁为50%、30~40岁为55%、40~50岁为60%、50~60岁为65%、60~70岁为70%。在此背景下，自2006年以后，减肥市场每年都在持续发展壮大。

图 9-1 减肥市场的现状

面，主旨周围存在过多信息，让核心主旨变得不够清晰。

如果幻灯片需要观众去揣摩演示者想要表达什么，那么它作为演示报告来说就是失败的，我们的目标是要制作出能让人瞬间看懂的幻灯片。

为什么要做演示

为什么现在随处可见这种晦涩难懂、忽视观众与听众感受的幻灯片呢?

究其原因，或许是“制作出包含大量信息的幻灯片，更能体现自己的工作成果”。如刚刚介绍的图 9-1 所示，增加文字量，在报告中加入各种图表、图片以及照片等，会显得工作量很大，让人觉得报告完成得不错。

如果剔除掉无用的信息，制作出非常简洁的报告，就会让人觉得是“偷工减料”。仿佛只有在报告中塞满各种信息，才能让人认可自己是“能干的商务人士”，这种企业文化正在日本蔓延。

而这种文化本身就是错误的。

作为演示用幻灯片来说，需要的是任何人都能看懂的简洁的主旨。即便用于推导主旨的信息再多，最终加工成幻灯片时，都要剔除多余内容，提炼成一条战略主旨。这才是真正好的幻灯片。

大家制作演示报告是为了迎合上司吗？是为了不让周围的人觉得自己“偷工减料”吗？应该都不是吧。演示的目的在于将主旨传达给观众，这一点才是最应该优先考虑的。制作出让现场所有人看一眼就能理解，就会被说服的幻灯片，这才是你应该做的工作。

原则是一页幻灯片、一条主旨、一张图片

接下来我将为大家介绍有效的幻灯片制作方法。

首先，要做到一页幻灯片、一条主旨。这是一条大原则。大家可以看到，在接下来要介绍的第二个幻灯片（图9–2）中，想要传达的信息（也就是主旨）被提炼成一句“减肥市场在2012年突破两兆日元大关”，并附上了可以有效体现这一主旨的图。也就是说这一页幻灯片是由一条主旨和一张图片构成的，即一页幻灯片、一条主旨、一张图片。

在刚刚介绍的图9–1中，除了有与图9–2一样的图形外，还有其他图形，并且记录了冗长的文字，使得关键信息被弱化。如果想要传达“市场突破两兆日元”这一主旨，只需附

上一张直观表现该主旨的图即可，多余的图只会弱化主旨传递的有效性，纯属累赘。

图片之所以占据了幻灯片的大半，是因为这样做可以唤醒人类的右脑。据说人类的右脑主要负责感性，而左脑主要负责理性。想要在短时间内引起听众的兴趣，就只能设法唤起负责图像处理的右脑的注意。

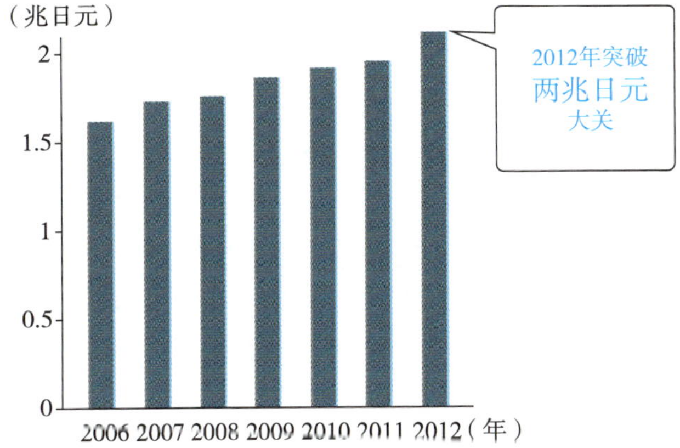

图 9-2 减肥市场的现状

资料来源：健康总研“减肥市场调查 2012”。

人类首先要在感情上被右脑唤醒之后，才能用左脑进行理性的思考。若想让演示报告能够打动人心，就必须使用图片。

但是，如果图片的数量过多，效果则会减半。一页幻灯片中最好只使用一张有效体现主旨的图片。

主旨要控制在20个字以内

还要注意幻灯片中记录的文字字数，建议大家将字数控制在20个字以内。要想让听众一眼看懂幻灯片的内容，就不要超过这个上限。

如果超过20个字会怎么样呢？观众会做好认真读报告的准备，努力地去思考并理解文字想要表达的内容。这样一来，演示者所讲的关键内容就会从观众的脑海中穿行而过，不做停留。若想让观众无须努力，看一眼就能轻松记忆，就不能超过“20个字”。

但是，并不是只要短就可以，还要很好地体现出主旨所包含的战略定位、前提条件、时间序列概念或对立概念等。在确保没有遗漏的前提下，尽量精简字数，这个技能是必不可少的。

顺便提一句，简洁明了的幻灯片具有一大优势，那就是比较容易译成英文。如今，越来越多的企业面向全球开展业务，会将演示报告翻译成英文，需要由以英语为母语的人对译文进行检查。如果报告中仅是记录简短精练的主旨，则可以减少翻译成英文时所需的时间和成本。

图可以直接使用，只需把“两兆日元”这一数字翻译成英文即可。结论明确的文字很容易翻译成英文。

英语是一种首先叙述结论的语言。容易翻译成英文的文章，作为演示时使用的日文必然也是简单易懂的。

磨炼在短时间内传达主旨的技能

简洁高效地对想表达的内容进行总结，这不是与生俱来的才能，而是通过锻炼便可以充分掌握的技能。

不知道大家有没有听过“电梯演讲”这个词。它的意思就是利用一起乘坐电梯这段很短的时间，向对方说明自己的计划和请求，并得到对方肯定的回答。在软银集团的日常工作中，这种“电梯演讲”随处可见。

孙社长的工作非常忙，他的行程表会具体到每一分钟。见到孙社长并让孙社长听自己说话，对于任何人来说都是一件极难的事情。不仅仅是在电梯里，还要利用一切可以利用的时间，瞅准机会就立刻开始说明，并努力取得孙社长的同意。

此时若做不到干脆利落，就会立刻受到指摘。如果不先提出结论，而是没完没了地说明，就不要期待会有下文，孙社长会马上离开，赶去处理下一项工作。

跟孙社长说话，胜负取决于最初的10秒钟。要想获得机会，就必须抵挡住孙社长的“瞬间秒杀”。只有在短时间内引起孙社长的兴趣，让孙社长想要继续听下去，才会有机会进展到下一步。

而如果能在10秒钟内成功地引起孙社长的兴趣，之后便可以进行更加详细的讨论。

软银集团的员工日常处于这种压力之下，故而磨炼出了在短时间内对自己想说的话以及想表达的意思进行压缩，并有效地传递给对方的能力。我常伴孙社长左右，自是倍感压力，而正是这种压力促使我掌握了简洁明了地传达信息的能力。锻炼这样的能力对于演示特别有用。

提炼出自己想要传达的最重要的信息，并用简短的语言表达出来，这是一种能力。为了能在关键时刻发挥这种能力，就要在平时向上司汇报工作时，以及在社交平台上发布推文时，注意“首先陈述结论”。建议大家加强练习，提高语言组织能力，学会在短时间内打动人心。

调整横纵比例，提升主旨传达的有效性

对于加入幻灯片中的图，也要设法调整合适的横纵比例。

常见的演示用幻灯片中，关键信息都写在下方。如果向其中加入一段文字，图就会变短，宽度也不得不变窄。虽然幻灯片想要强调“市场的成长性”，但图体现出的“成长性”却被淡化，主旨的印象也变得很模糊。

这个时候，最有效的手段就要调整横纵比例。不仅要让图看起来更加美观，还要能有效地体现主旨。

若想强调“正在不断成长”的趋势，则可以像图 9–3 的幻灯片那样，在上方加上箭头。结合信息内容加入对话气泡或箭头，可以更加有效地传递主旨，但一定要保证图不能过于繁杂。

如果将按 Excel 标准格式制作的图直接粘贴到演示报告中，那么就要加一步操作，即去掉多余的要素。按 Excel 标准格式制作的图中含有很冗余的要素，比如图的外边框、横纵坐标轴的刻度线、图例等都是不需要的。幻灯片用作演示报告时，必须进行加工，要保证图简洁清晰且能明确地传达主旨。

吸引人的是数字

对于演示来说，数字是绝对不可或缺的要素。在图 9–2

的幻灯片中，主旨被记录在对话气泡中。“2012年突破两兆日元大关”。同时放大显示“两兆日元”加以强调，这个“两兆日元”的数字极其重要。

如果没有数字，只是记录“市场规模逐步扩大”，或者使用实数，记载为“2012年达到2兆1 000亿日元”，则其所形成的冲击力是完全不同的。

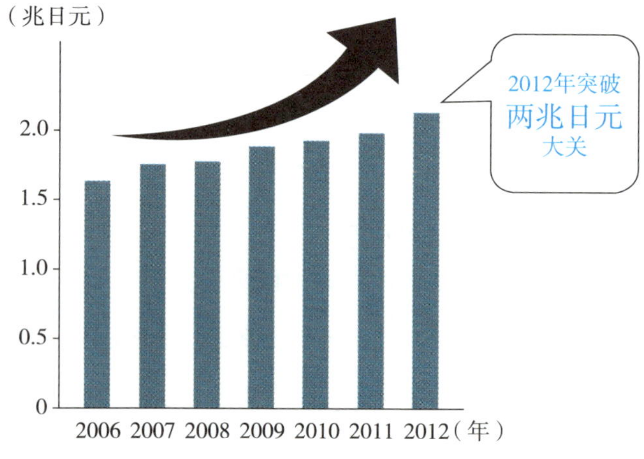

图 9-3　减肥市场现状

资料来源：健康总研“减肥市场调查2012”。

主旨最重要的作用就是解释，不能单纯地陈述事实，而要通过具体数字表现这一事实所具有的价值。在主旨中加入数字，可以有效增强演示效果，让演示发挥更大的作用。

以图 9–2 为例，重要的不是“2 兆 1 000 亿日元”这个事实，而是“市场规模不断扩大，终于超过了两兆日元”这个趋势。如果只是记录枯燥乏味的数字，读者根本无法理解这些数字对于公司来说意味着什么，所以要使用能有效彰显主旨的数字，用以强调想要解释的内容。

要传达数字背后隐藏的意义

大家看了软银集团决算说明会上分发的报告，便会知道如何使用数字才更为有效。在这些报告中，几乎每一页都有数字，并明确传达了这些数字对于公司的意义所在。

在销售额的说明部分，记录了软银集团与 NTT Docomo、KDDI 这 3 家公司的销售额，并放大显示了“No.1”。在折旧前营业利润（EBITDA）的说明部分，也放大显示了“No.1”。这个报告要重点强调的不是两兆日元的销售额以及 5 921 亿日元的营业利润，而是雄踞行业榜首这一事实。

在移动通信营业利润的说明部分，用柱状图表现了收购沃达丰公司前（3 年）与收购沃达丰公司后（9 年）的营业利润额，明确显示出“收购后 8 倍”。这一页想要传达的主旨并非是“2014 年度营业利润额 2 079 亿日元”这个数字，而是“收购沃达丰后营业利润增长了 8 倍”这一事实。

加入数字时最重要的是通过连续的数字体现发展趋势，并且要与竞争对手公司过去的业绩进行比较，赋予数字现实意义。此外，还要通过数字的“趋势”预测未来，树立企业愿景。以数字为依据的每一页幻灯片，都将提升演示文稿的说服力。

不能单纯地把数字当作数字，而是要将其加工成所有人都能理解的简单易懂的图，让听众更好地理解数字背后隐藏的意义。

不要忘记显示页码

有效运用数字，遵循一页幻灯片、一条主旨、一张图片的原则制作出演示报告后，不要忘记标注页码。

页码对于控制演示时间是非常重要的。比如说演示文稿一共有 20 页，已经说明到第 15 页，可还有 1 个多小时的时间，这个时候就需要放慢说明速度；或者是只说明了 10 页，可剩余时间不到 30 分钟，这个时候就需要加快说明速度。

我在做演示时，会将每页报告的说明时间固定在 3 分钟左右。如果限时 45 分钟，就是 15 页；如果限时 30 分钟，就是 10 页。据此计算，通过观察页码来调整讲话的速度及内容，而这样做的前提就是要标注页码。如果没有页码，便无法掌握自己说明的进度，就会加剧不安情绪。为了可以有条不紊地进行演示，希望大家不要忘记做最终确认，保证演示报告中已经标注页码。

另外，为了调动听众情绪，也可以考虑在演示中播放视频。电视台在录制与观众互动的综艺节目时，搞笑艺人会先热场，以调动现场气氛，而在演示中播放视频同样可以起到热场的效果。但是，切忌播放视频时间过长，最多就是几分钟，否则会让观众感觉乏味。

我为大家总结了软银式演示的表现重点，请大家过目。

为每个题目准备 3 点内容

修改报告、标注页码、确认内容准确无误，做完这一系列准备工作后，接下来就只需等待演示正式开始。

一般来说，我会根据现场气氛适当地增减说明内容，控制演示时间，所以从来不会出现时间不够或时间剩余过多的情况。

之所以可以这样，是因为我总是将一页幻灯片的说明内容固定为 3 点，并针对这 3 点提前在脑海中整理出事例、经验之谈、过去的回忆等“枝叶”部分，保证自己看到这页幻灯片时能够想起应该说些什么。

软银型演示

表现要点在这里！

要点 1 一页幻灯片、一条主旨、一张图片

要点 2 图片要注意横纵比例

要点 3 结合主旨加入对话气泡和箭头

要点 4 主旨不是说明，而是解释

要点 5 主旨要控制在 20 个字以内

要点 6 加入可以证明主旨的数字

要点 7 最后务必要标注页码

要点 8 长度适中的视频也有助于提高演示效果

所有人在工作的过程中，都一定可以围绕某一主题想到 3 个左右的话题，做不到这一点的人根本就不会被要求做演示。

4 点、5 点或许会有些难度，但如果只有 3 点内容，那所有人都可以记住。在演示说明时，保持一页幻灯片 3 点内

容的节奏即可。

如果在每一页的开头都说“关于 × × 有 3 个条件”，就会显得太啰唆，那只需在自己心中默念“谈论 3 点内容”即可。

将话题扩展到什么程度，要具体情况具体分析。如果观众反响不错，则要继续扩展；如果反响差强人意，则要简化该部分的内容，转而谈论其他要素。

如此进行演示，便可以自由调节时间。可能有的时候最后阶段会很匆忙，但即便是那种情况下也无须担心，因为演示的基本内容都已经写在幻灯片上，之后只要结合幻灯片的内容说明需要强调的重点即可。

读报告和背报告是没有意义的

希望大家在进行演示时重视现场感。观察观众的反应，如果观众笑了，则自己也要一起笑，停顿一下，与观众保持互动，这样便可以自然而然地提高临场应变能力。

演示报告全部交给下属去做，关键的主角却根本不了解演示报告的内容，这种情况非常常见。由于不了解内容，等到正式演示时，演示者就会变成只是单纯地读报告。这种情况想必大家都曾经遇到过。

如果只是让下属制作幻灯片中的图片或者照片，是没有问题的，但演示中所要传达的主旨务必要由演示者自己来总结。演示者在拼命思考主旨的过程中，自然而然地就能总结出那些他想要补充的内容以及想要扩展的话题。

我们也会看到有些人因为担心发挥不好，而将报告的内容全部背下来，可这样做只会起到反效果。

首先来说，要将写在幻灯片中的内容全部记下来几乎是不可能的，而且即便全部都记下来，最终呈现在观众面前的也将是一场无聊至极的演示。演示者只是平淡地将背下来的内容复述一遍，这样的演示一点意思也没有。

单纯复述背诵内容的演示还存在一个问题，那就是演示者更容易紧张，本应记住的内容却说不出来，大脑一片空白。所以为了避免不必要的紧张，希望大家不要再背诵，无须做笔记，只要做到一页幻灯片说明 3 点内容，便可以忘却紧张，成功完成演示。

如果因为没有自信，或者事先未能理解内容，就一味地照着幻灯片念，将会让演示的价值大打折扣。

只有谈论幻灯片上没有的内容，才能让演示具有现场感。观众听到报告中没有的内容，才会惊讶，才会感兴趣，才会更加集中注意力。

即使把幻灯片中的内容总结整理到报告中，提前分发给观众，只要演示者在演示时讲一些报告中没有的内容，观众就一定会认真倾听。可如果讲的完全都是报告中记录的内容，则观众就会提不起兴趣，认为没有必要听下去。

正如我前面提到的那样，演示的主角是“人”，是作为演示者的“你”。希望“你”可以灵活运用作为配角的幻灯片，在演示现场展现出强大的主角存在感。

根据目标受众改变讲话内容

即便主题相同，即便准备了同样的幻灯片，但如果对象不同，则演示的内容也会发生变化。

比如说，在商务人士聚集的场合进行演示时，谈论盒式磁带相关的话题是没有问题的；但如果演示对象是学生，那么这个话题就会变得没有任何意义，因为他们这一代人根本不知道盒式磁带的存在，如果在主旨中出现盒式磁带的话题，他们根本无法理解。

此外，还可以根据演示时的具体情况，适当调整演讲内容，比如说可以在演示中谈论当天早上时报头版上刊载的报道，以在场人员当时可能比较感兴趣的话题作为开场白，也可以起到非常不错的效果。

孙社长在 2011 年 4 月举办的“自然能源财团”成立大会上进行演讲时，开场的第一句话是这样说的：“实际上，我一天 24 小时都随身带着它，所以我知道现在这个房间的辐射量是 0.1 毫西弗。”

说完，就把盖革计数器拿给现场的人看。在当时那个特殊时期，孙社长的话一下子就抓住了听众的注意力。这个例子告诉我们，在演示中引入符合时宜的话题及小道具是可以有效吸引听众的。

用抑扬顿挫的语调抓住受众的心

下面我将为大家介绍演示过程中发现有人没有认真听讲的对策。

观众中可能有人在玩手机，也可能有人在睡觉。

这个时候，可以根据具体情况，想办法调动观众的参与意识，比如提出问题，让观众举手回答等。这样一来，那些快要睡着的人就会清醒过来，而低头玩手机的人自然也会抬起头来。

抑扬顿挫的语调也会引起观众的兴趣。讲话时不能始终保持同一语速和语调，比如说想要强调“2012 年突破两兆日元大关”这一主旨时，就要大声清晰地念出“两兆日元”。

比较有效的方法就是用低声语调开场。

孙社长的演讲经常都是这样的，他不会一开始就很激昂，而是会使用非常平和的语调。等说到想要传达的主旨时，他就会提高音调，情绪越来越激动，以至于连声音都变了，最后哭着结束演讲。这样的演讲可以打动听众，是因为演讲者由衷地希望将自己内心中反复琢磨提炼的主旨传达给听众，并且会在演示的过程设法增强演示的现场感。

能够成功地通过这种方式将主旨传达给听众，也要得益于孙社长的性格，所以并非所有人都能套用。我虽然没有自信，但还是始终坚持在演讲中注意语调，做到抑扬顿挫，突出自己最想强调的部分。

最后，我想就现场问答这个环节谈谈我的想法。

我认为最好是真实地接受提问。如果没有任何人提问导致会场冷场时，建议大家指定某个熟人来提问。

即便被问及某些奇怪的问题，也要在回答前首先予以肯定——“这个问题提得不错”，这样才可以鼓励其他人继续提问。只要有一个人提问，就会有第二个、第三个……大家要根据具体情况，重视现场感，充分调动会场气氛。

报告案例 10

策划案

先在一页A4纸上写出结论，

注重数据的表现形式

用一页 A4 纸进行总结

策划案的成败取决于“开场白”。

我们要做的就是在最初的几秒钟引起对方的兴趣。如果对方在看到策划案的瞬间感觉“有趣”“有意思”，就会“想要了解更多”“想继续读下去”；如果对方觉得“没意思”，就不会再看下去。

如同巧妙的话术可以在最初的 10 秒钟抓住对方的心一样，成功的策划案能够利用“开场白”引起关注，触动人心。

要想做出可以瞬间俘获人心的策划案，首先要将内容总结到一页 A4 纸上，切记不要超过一页。

如果策划案的页数很多，就会让人没有读下去的欲望。商务人士业务繁忙，他们在拿到这种页数众多的策划案的瞬间，便已丧失兴趣。

如果你觉得两页左右应该没有问题，那么奉劝你放弃这样的想法，对于工作很忙的人来说，翻页都嫌麻烦。

策划案只要一页 A4 纸。一页 A4 纸足以充分传达策划的宗旨和依据。

过去我也非常不擅长制作策划案。回想起来，当时制作出来的策划案虽然外观看起来好像不错，但里面写满了无用的要素，在数据的表现上也是敷衍了事，内容晦涩难懂。

首先传达结论

请大家看一下策划案 1。

看完这个策划案，有多少人可以立刻搞清楚策划的内容呢？映入眼帘的只有“新项目策划案”这样的文字，读者根本猜不透策划人是在思考、策划怎样的新项目。

虽然“附记”下面记录了新项目的内容，但策划案开头的“市场分析”让读者如坠云雾，搞不清楚策划人究竟要策划些什么。

如果继续往下看，虽然可以了解到 40~70 岁的肥胖者超过 35%、各个年龄段中有 50%~70% 的人在进行体重控制以及 2012 年减肥市场规模达到 2 兆 534 亿日元这些信息，但依然无法掌握策划内容。

策划案 1

2015 年 4 月 1 日
新项目策划组
组长　山田太郎

新项目策划案

"新项目策划组"关于新项目进行了讨论。现将讨论结果报告如下：

附　记

市场分析

1. 现在，日本成年人中肥胖者所占比例超过 35%。（资料来源：厚生劳动省"百姓健康 / 营养调查"）
2. 各个年龄段中有 50%~70% 的人正在努力控制体重。（资料来源：厚生劳动省"百姓健康 / 营养调查"）
3. 2012 年减肥市场规模达到 2 兆 534 亿日元。（资料来源："健康总研调查结果"）

本公司现状

1. 以黄豆粉为主的大豆加工技术处于行业领先水平。
2. 大豆的交易额如今依然在日本国内名列前茅，价格很有竞争力。
3. 销售渠道为本公司→批发→零售，利润率较低。
4. 没有购买本公司商品的顾客名单。
5. 随着饮食生活的变化，本公司生产的黄豆粉等产品的市场需求不断下降。

新项目的概要

1. 开发在大豆粉中混合魔芋的米粒般的无糖健康食品。
2. 以网络为核心的直复营销。
3. 售价定为每千克 500 日元（不含税），将成本价控制在每千克 100 日元以下，让产品在价格上比大米更有竞争力。
4. 在本公司工厂进行生产。

在市场分析之后，是对“本公司的现状”的说明。此处一共列出了五项内容用以介绍公司现状，但看到这里读者依然无法掌握新项目的内容。

通过市场分析和本公司现状的说明，读者大体也可以推测出“好像是要使用自身比较擅长的大豆加工技术开创某个项目”，但由于到此尚未记录结论，所以只能臆测。

读者想要掌握新项目的概要，就必须读到策划案的最后一部分，看到“新项目的概要”后，才终于可以理解新项目策划案究竟想要传达什么。

这样的策划案需要读者花费很多时间才能找到结论、掌握宗旨，是不合格的策划案的典型代表。

标题要大要醒目

如果一份策划案无法打动人心，那么其标题的显示方法也存在问题。如果策划案中标题字体很小，就无法引起读者的注意，所以策划案的标题要使用大字体显示，首先要通过标题抓住读者的眼球。

不过虽说如此，如果只是单纯放大策划案 1 中“新项目策划案”的标题字体，还是不会起到任何效果。策划案 1 确实是关于新项目的策划案，但标题本身并没有深入切合策划内容，所以视觉冲击力较弱。我们的目标是要让读者单看标题就能理解策划案“要策划些什么”。

请大家再看策划案 2。策划案 2 的标题很大很清晰。

“新产品‘0 糖米’策划案”。读者一看就立刻明白了这是关于新产品“0 糖米”的策划案，从而想要进一步地去了解“0 糖米是什么”，而这就是关键所在。

若能引起读者的兴趣，便是策划人最初的胜利，便能引导读者进入下一步“阅读策划案的内容”。

希望大家在设置标题时遵守以下两点：

1. 要让读者理解这是关于什么的策划案。

2. 字体要大。

使用大字体，除了可以让标题更加醒目外，还有其他意义。策划案基本都是要提交给上司的，而上司多是 40 多岁的人。这个年龄段的人已经开始出现老花眼的症状，看小字会比较吃力。如果给他们看策划案 1，他们很可能会说“字太小看不清楚”，即便嘴上不说，也会暗暗地在心里想“看着太费劲了”，从而让你的策划案减分。

策划案 2

2015 年 4 月 1 日
新项目策划组
山田太郎

新产品“0 糖米”策划案

新产品“0 糖米”是什么?

“0 糖米”以大豆粉为基础原料，同时混合魔芋，是一种可以代替米饭的零糖分、低热量的减肥食品。

为什么要选择“0 糖米”?

日本成年人的肥胖率

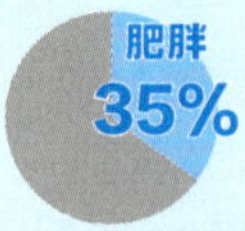

资料来源：厚生劳动省“国民健康/营养调查2013”。

各个年龄段的体重控制率

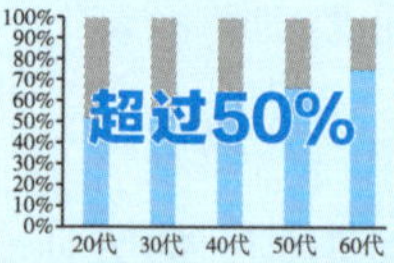

资料来源：同前。

减肥市场规模变化

资料来源：健康总研“减肥市场调查2012”。

消除肥胖已成为全民课题，潜藏着巨大的商业机会!

我公司的优势

1. 在大豆的粉末化处理方面拥有高超的技术。
2. 在日本国内大豆交易市场占有率高达 **18%**，在价格方面具有竞争力。
3. 创业 75 年，做出了很好的成绩。

我公司的课题

1. 随着饮食生活的变化，市场规模和销售额呈现不断减少的趋势。（2006 年度 230 亿日元 → 2015 年度 180 亿日元）
2. 流通的复杂性导致利润率低，并呈现不断下降的趋势。（2006 年度 32% → 2015 年度 23%）
3. 与直接用户没有接触，很难把握用户需求。

“0 糖米”的概要

1. 开发在大豆粉中混合魔芋的**米粒般的**无糖健康食品。
2. 以**网络**为核心的直复营销。
3. 售价定为每千克 500 日元（不含税），将成本价控制在每千克 100 日元以下，让产品在价格上比大米**更有竞争力**。
4. 在**本公司工厂**进行生产。

为了抓住读者的心，也为了不招老花眼的上司讨厌，策划案的标题一定要用大字体显示，并且确保其可以明确传达策划案的主题思想。

页数多的策划案不等于好的策划案

策划案 2 由一页 A4 纸构成，如果需要附加报告，建议大家可以采用附录的形式，比如想向读者提供日本人口各个年龄段肥胖率的数据时，就可以在最后添加附件。

但是，策划的宗旨要总结到一页，不能把关键的策划案与附件混在一起。

我们经常会看到这样的策划案，虽然不知道它想要说些什么，但里面报告却有很多，有些可能并不需要，但还是暂且都先加进去，最终导致基本宗旨不明确，这样的策划案完全没有站在读者的角度考虑问题。

这样的策划案随处可见，是因为有太多人试图通过添加报告让策划案看起来更厚，从而彰显自己的工作成果。拿这个策划案为例，某些人恐怕会把美国减肥市场规模变化的数据都当作报告添加进去。

可如果产品没有在美国销售的计划，列出美国的数据是毫无意义的，即便原本的报告中有此数据，也不能随意拿来使用。

我们要不断删除无用报告，更有效地突出主旨。要坚持将想传达的内容总结到一页 A4 纸中，从而掌握筛选必要要素的技能，并在各种商务场合中运用这种技能，有效发挥作用。

只要认真思考什么是策划案通过审核的充要条件，就能自然而然地在“需要”和“不需要”之间进行取舍。站在公司的角度来看，在策划案中堆满无用的内容，妄想单凭报告的厚度取胜的行为就是一种犯罪。图表也好，策划案也罢，希望大家一定要认真思考它们究竟想要传达什么样的内容。

把结论放在开头

策划案 1 和策划案 2 之间的区别并不仅仅在于标题，整体结构也是完全不同的。

策划案 1 由市场分析开始，之后论述本公司的现状，最后介绍新项目的概要；而策划案 2 在一开头就简洁地总结了新产品“0 糖米”的概念，之后是市场分析、本公司的优势及课题，最后分条列出“0 糖米”的概要内容。

不用说大家也能看出来策划案 1 和策划案 2 哪个更能抓

住读者的心。先从分析入手，最后得出结论，这种结构很难引起处于紧张忙碌状态的读者的兴趣，所以要首先提出主旨，明确想要表达的内容。策划案就应该把结论放在开头，之后再叙述得出该结论的依据。

把结论写在开头，就是首先把策划案的目标告诉读者。建议大家在最初的阶段提示结论，一决胜负。

大家也可以在策划案中准备一些实例，或加入丰富的调查数据，用以证明新产品的成功，但这些都要放在结论之后。

如果结论冗长，也会削弱策划案的冲击力，文字量要保持在 2~3 行。我们在报告案例 9 演示中曾经提到过要锻炼用较少的文字做总结的能力，而在总结策划案时，这种能力也将发挥作用。

在颜色的用法上，两个策划案也形成了对比。策划案 1 是黑白的，而策划案 2 实际上是彩色的。策划案 1 全部由文字构成，本就会给人一种单调无趣的感觉，再加上黑白配色，进一步加剧了其枯燥无味的印象，让人更加没有阅读的欲望。

而策划案 2 中将项目部分用蓝底显示，将想要强调的数字和关键词用粗体显示。从视觉冲击力的角度来讲，自然是策划案 2 更胜一筹。

可如果使用的颜色过多，就会让人眼花缭乱，因此希望大家注意，要将颜色数量控制在一定的范围内。

另外，整体色调保持统一，不易造成视觉疲劳。正因为策划案 2 整体色调和谐统一，才更能突显被强调的粗体。若因为颜色的原因让想要强调的部分被忽略，那就太可惜了。

考虑视线的自然移动

总结策划案时，要考虑人视线移动的规律，注意图像表格等结构布局的视觉效果。

人在看横向的内容时，视线会从左向右，再向下移动。策划案亦是如此，我们在制作策划案时，要意识到视线自然移动的方向，将想要表达的信息按照从上到下、从左到右的顺序排列。

策划案 2 中，以图的形式呈现了支撑这一策划的 3 项统计数据，向读者说明了“为什么要选择 0 糖米”。图中包括 1 个饼图和 2 个柱状图。相信大家已经注意到了，图的重要性从左到右在不断升高。

最左边的“日本成年人的肥胖率”也是一项很重要的数据，但最右边的“减肥市场规模变化”才是证明“0 糖米”的必然性与成功可能性的最有力的依据。

如果将3个图的顺序颠倒，会让读者难以理解其中想要传达的信息，也会削弱整体的视觉冲击力。因此一定要注意，绝对不要认为反正是横向一字排开，放在哪里都无所谓。要根据传递信息的重要性，按照从上到下、从左到右的顺序排列，希望大家将这个顺序牢记在心。

注重数据的表现形式

策划案2中的图有一个共通点。在最左边表示“日本成年人的肥胖率”的饼图中配有数字“35%”，中间表示“各个年龄段的体重控制率”的柱状图中配有文字“超过50%”，最右边表示“减肥市场规模变化”的柱状图中配有文字“超过两兆日元”。用数字简明地体现出想要传递的主旨，并用大字体强调显示，这便是能够打动人心的策划案的共通点。

不论是饼图还是柱状图，都没有加入任何详细的数字。如果加入详细的数字，图就会变得杂乱，让读者搞不清楚究竟它想要表达什么。柱状图中至少要保留刻度线，否则会导致想要表达的意思不明确，但其他的要素都要删除，且想要传达的信息要利用数字加以强调。

小数点后面的数字最好四舍五入，即便实际上是

“35.11%”，也不能直接写，否则会削弱视觉冲击力。即便“各个年龄段的体重控制率”实际上是51%，也要写成“超过50%”，这样才能传递强烈的主旨。

正因为数字有强大的表现力，所以我才建议大家注重数字的表现形式。对于想要学习数字表现形式的人来说，软银集团的决算报告非常具有参考价值，比如在2015年3月期第1季度的决算报告中就有如下记录。

营业利润	1兆日元
EBITDA	2兆日元
销售额	8兆日元

上面表格的关键就在于8、2、1这3个数字纵向排列，增强了数字的表达效果。如果数字改成下面这种形式，整体印象就会变得模糊不清。

营业利润	0.9兆日元
EBITDA	2.1兆日元
销售额	8.2兆日元

同一决算报告中插入了一张图，反映了日本雅虎购物经营商品数量的增长情况。图中写有“超过1亿件”，是因为该图想要表达的重点是商品数量超过1亿件这个事实，而非具体的数字。希望大家在制作报告时也能首先反复思考数字想要传达的信息，再选择数字的表现形式。

虽然具体数字可以去掉，但出处必须标明。

比如说在表示“日本成年人的肥胖率”的饼图中没有任何多余要素，极其简洁，但如果连出处都省略掉的话，就会导致图的可信度下降，很有可能被视为可疑数据。因此，制作图表时必须注明出处，并且要尽量使用最新数据。

调整横纵比例，去掉多余要素

我在演示部分已经介绍过了图表的使用方法，而在制作策划案时，也必须注意调整横纵比例。

按照软银的做法，在想要表现不断增长的现状时，会缩短横坐标轴。因为如果横坐标轴较长，就会很难看出增长的趋势。策划案2中表示“减肥市场规模变化”的图也是一样，如果横坐标轴很长，就会显得增长速度极其平缓。而若想让柱状图中的上升角度更加突出，只需对横纵坐标轴的比例稍作调整即可。

横纵坐标轴的最大值可以自由决定，因此若想调整坐标轴的长度，只需固定最大值即可。希望大家根据具体需要，充分调整横纵坐标轴的比例。

接下来属于比较细节的问题，那就是要删除无用的横线和网格线。按照 Excel 的标准格式制作的图表，看起来杂乱无章，且会掺杂过多冗余的要素。

这样的图表只会影响主旨传达的效果，因此最好把图表中的边框、刻度线删掉，根据具体情况，有时可能还需要删掉纵坐标轴。此外，图表中柱与柱之间的间隔太大，会给人一种松弛的感觉，所以要尽量缩小间隔。

等到熟练以后，只需 30 秒钟即可完成上述操作，只要稍微下点功夫，便可以制作出简洁且具有冲击力的图表。

粘贴优质图片

请大家看策划案 2 中最下面的项目。这里分条论述了“0 糖米”的概要，并且插入了一张一碗米饭的图片。从图片中没有人能看出这是“0 糖米”，它看上去只不过是普通的白米饭。

虽然只是一张图片，却可以发挥一定的作用。

在演示的部分我们也曾提到过，人们在思考事物时，会使用左脑和右脑。开始阅读时，人们首先行动起来的是负责处理图像、控制感情的右脑。当右脑被某些事物吸引后，人们才会使用负责理性思考的左脑开始阅读。

换言之，若想吸引读者来读策划案，就需要有某些“勾人的点”，从而作用于右脑，让其感兴趣。插入形象生动的图片正是出于这一目的。

如果在策划案中插入形象生动的图片，那么它就会比那些没有图片、只有枯燥无味的文字和图表的策划案更能吸引读者右脑的注意，因此希望大家在制作策划案时，一定要插入一张图片。

可如果图片过多，就会让策划案显得很杂乱，所以数量要控制在一到两张，这一点非常重要。

另外，一定要使用无版权的图片，且要保证图片的质量。如果选择劣质的图片，就会立刻让整个策划案看起来很低端。如今可以低价购买无版权图像的网站多如牛毛，希望大家多去找一些适合策划案的高质量的图片。

另外，大家在往策划案上插入图片时，切勿直接粘贴，要进行剪切背景等加工，保证图片大小适中。正如我们在制作图表时要花心思追求简洁一样，粘贴图片时也必须稍稍下点功夫。

分条记录时要控制在 5 条以内

策划案 2 的最下方将“0 糖米”的概要内容总结为 4 点，分条论述。其重点就在于“4”这个数字。

我在整理案例 5 项目管理表中也曾论述过，分条列举时最多不能超过 5 条，这是因为人类一眼就能掌握的数字最多是 5 个。

我想这大概是因为人类的左右手分别只有 5 根手指，所以一旦超过 5 根手指可以数得过来的量，人类就记不住了。

比如桌子上零散地放着几个苹果，那么映入眼帘的通常是 5 个左右，最多也就是 7 个。如果数量达到“8、9、10”的话，则不用手指指着便会数不过来。数字也是一样的，人们一下子最多记住 7 位数，如果达到 8 位数、9 位数，便无法轻松记忆。

人员管理应该也是同样道理。1 个人最多可以同时管理 7 个人，而一旦超过 7 个人，则失败的可能性就会急速上升。某项工作应该交给谁做？他的工作进展到什么程度？等等。

即便想要管理每个人的工作，可如果人数达到 7 个，则很可能以失败告终。

话题有些跳跃，我们言归正传。分条列举时，建议大家一定要控制在 5 条以内。另外，对于分条记述的文章，还要注意字数，每项的文字数不能超过 40 字。

最理想的是控制在一行以内，如果实在困难的话，则最多两行。单项内容如果达到三行以上，就会失去分条记述的意义。

强调你想要传达的词汇和短语

在策划案 2 中，将最想让读者看到的词汇和短语用粗体进行强调显示，这也是为了提高策划案独立存在时的易读性而做的努力。与以演示者为主角的演示不同，策划案往往会独立呈现在读者面前。策划人并非随时可以对策划案进行说明。

设想策划案独立呈现在读者面前的场景，要让策划案层次分明，重点突出，关键词部分要与众不同，要放大显示。人在说到想说的事情时声音会不自觉地变大，同样的道理，用文字表达想要表达的内容时，也要强调显示。

另外，策划案不能用作演示的幻灯片，因为它里面的信息过多，文章过多。关于详细内容我已经在演示的部分论述过了，演示中使用的幻灯片必须让观众看一眼就立刻能掌握内容。如果重新调整策划案 2 的结构，将其内容至少划分为 3 部分，或许就可以在演示中使用，但这也是需要花心思下功夫的。希望大家摒弃将策划案用作演示报告，或者将演示报告用作策划案这种安逸的想法。

没有“评价”的报告不算报告

接下来我想为大家介绍一下说明策划案时的注意点。

无论策划案做得有多么成功，如果只是照着念也是没有任何意义的，必须要加入自己的评价。说明策划案时若不加入自己的评价，便不可能打动听众的心。

以策划案 2 为例，可以向听众介绍说“从这个报告来看，各个年龄段中进行体重控制的人口均已达到 50%，因为我们认为今后减肥市场的发展前景将是一片大好”，但如果只是照着念一遍“20~30 岁为 ×%，30~40 岁为 ×%、40~50 岁为 ×%、50~60 岁为 ×%，60~70 岁为 ×%，无论哪个年龄段，进行体重控制的人口比例均已达到 50%”，那这仅仅是对市场规模的说明，作为策划案的说明来说就是不合格的。

我在参加各种会议时发现，有不少人都不想说出自己的判断，不想表明自己的意见，这种人在报告营业业绩时，只会淡淡地讲一句“这个月是 ×%”，然后就没有下文了。

可这个数字的出现必然有其理由，肯定不是无缘无故蹦出来的。如果不能明确出这个数字对公司来说意味着什么，便无法用其指导下一步行动。

会议报告也好，策划案也罢，如果其中缺少可以指导下一步行动的要素，便是不合格的。如果使用图表，则这张图表就应该体现策划人的意志和想法。因为策划人有这样的想法，才可以制作出这样的图表，所以说图表中必然存在着策划人的“评价”，没有“评价”的报告不能称之为报告。

有很多人不想说出自己的判断，是因为觉得一旦说出来，就必须要承担责任，只能说这是一种逃避责任的做法。与那些没有为公司做出任何贡献，只是假装在工作的做法如出一辙。

如果一个人从不说出自己的评价，上司也从不对此加以提醒，日积月累，必将导致工作效率下降。

接受采访前，将关键词总结到一页 A4 纸上

关于策划案我已经讲了很多了，接下来我想为大家介绍一下接受采访前应该做的准备工作。如果有机会接受采访，建议大家像做策划案那样，事先将重点总结到一页 A4 纸上，哪怕是备忘录形式的也可以。

至今为止，我接受采访的次数数不胜数，却从来没有一次是不提前总结重点、直接接受采访的。如果有些问题需要回答，或者有些事情需要向对方说明，就必须提前写下关键词，并在自己的头脑中梳理总结，这个过程是必不可少的。如果自己的思路都不清晰，又怎么能简单易懂地向别人进行说明呢？

如果只是在脑海中不断地想象应该说些什么，等到真正接受采访的时候，很有可能无法像预想的那样说出来。若想在说话时做到条理清晰，就要提前准备一张纸，把关键词和主旨写下来。

并不需要像剧本那样把想说的内容全部写下来，只要记录主干部分即可。有没有这张纸会让讲话的内容大不相同。

另外，就像策划案 2 是从结论开始叙述的那样，接受采访或者必须向某人说明某事时，也要首先从结论说起。

比如，你的公司从 3 家公司中筛选出 1 家开展业务合作，

现在需要就此事接受采访或进行说明，如果你说“我们是如此慎重地筛选出了3家公司，其中质量最好的是A公司，但由于本公司预算不足，所以最终选择了C公司”，那么这样的说明会让听者觉得很反感。

正确的说明顺序应该是“我们打算选择C公司，原因在于……”。要先说明结论，再说明理由和背景。喋喋不休地说明只会让听者觉得无趣，也会浪费时间。

另外我再多说几句，希望大家最好避免使用模棱两可的说辞。像“我想做××，不过……”这种在句尾表达上含糊不清的说法，会让听者产生不必要的怀疑。如果在孙社长的面前这样说话，立刻就会被淘汰出局。

在软银集团，几乎所有的员工都曾被孙社长瞬间秒杀。我在最开始向孙社长汇报工作时，也曾很多次被中途打断，我想软银集团里的每个人都曾有过这种痛苦的经历。

可正因为如此，才使大家练就了从结论说起、简明扼要地传递主旨的技能。如今的我充满自信，坚信自己汇报工作时一定可以让孙社长听到最后。不仅如此，我还切实地感觉到自己演讲的能力以及应对采访的能力有了很大的提高。日常训练的成果在制作策划案、进行演示以及应对采访等各种各样的场合发挥出了应有的作用。

特别附录

制作报告的关键

从报告的准备、构成到各种图表的制作方法

从报告案例 1 到报告案例 10，我已经为大家说明了制作报告时的表现要点及其在经营方面的意义，最后我将向大家介绍一些窍门，只要掌握了这些内容，大家便可以成为制作报告达人。

工作中必须制作的报告不仅限于报告案例中介绍过的报告。大家需要根据不同的目的、不同的情况制作各种各样的报告。

但只要大家有意识地运用这些窍门，制作任何报告都不足为惧。虽说都是一些小窍门，但如果大家不断积累，反复运用，就一定能够成为制作报告达人，制作出可以把握问题的关键并引导下一步行动的报告。希望所有人都能理解要领，掌握窍门，制作出有益于公司发展的有意义的报告。

报告的准备篇

1. 要随时注意区分自己制作的是演示报告还是策划案

关于这一点我也曾论述过，以不特定多数人为对象的演示与针对特定对象制作的策划案，其作用是不同的。演示的主角是演示者，演示报告只是配角。而策划案的主角是策划案本身，很多时候它会脱离策划人，独立呈现在读者面前，因此制作策划案时，必须保证其内容简单易懂。

绝不能因为主题相同就互相通用。演示报告与策划案请务必分别制作。

2. 要掌握前后顺序，明确演示前是否提前分发报告

如果不提前分发报告，演示的关注度会更高。如果提前分发报告，听众的注意力总是会被报告所吸引。若是提前分发报告，可以在报告中加入关键信息，但说明内容不可过多，否则信息量过大，会导致对演示者的关注度下降。提前分发报告时，报告中最好记录一些不确定的内容，尽量让看报告的人无法从中掌握演示内容的全貌。

3. 要确认顺序和目标听众

过往惨痛的失败带给了我沉痛的教训，让我牢记要随时注意演示的先后顺序。过去我曾跟随孙社长出席过一个重要的演示，设想的是首先面向高级管理人员，重点进行战略说明，之后再面向执行人员进行说明，却不知实际的演示顺序正好相反。

面向执行人员的演示内容中总是会有很多详细的数据和实际业绩等，然而对于职位较高的管理人员来说，这种细节内容似乎很无聊，他们听着听着就开始摆弄手机。而在那种情况下，我却未能灵活地调整演示内容，现在回想起来依然懊悔不已。

如果我能提前确认计划安排，就可以首先站在较高的层面进行说明，中途再切换成执行层面的内容，即在导入部分抓住管理人员的兴趣，之后再说明具体内容。

哪怕是在即将开始演示时，知道演示顺序和不知道演示顺序，演示效果会大相径庭。面向什么样的人、按照什么样的顺序进行演示？先是领导还是执行人员？听众是学生还是中层管理人员？等等。必须提前确认顺序和目标听众。如果听众是学生或者新入职员工，那么他们了解的事情就很少，大家就要注意在演示中加入一些附加信息。

4. 考虑操作环境

在哪里操作笔记本电脑？是另外有人负责操作还是要自己操作？在进行重要演示时，必须提前确认操作环境，这样才不会在正式演示前焦虑慌张。

5. 不要一个人思考报告内容

如果自己一个人思考报告的内容结构，往往就会记录一些自以为是的内容。自己在脑海中反复思考，最终陷入僵局。为避免出现这种情况，就要借用他人的头脑，一个人独自思考不如结合两个人的智慧，比如在面向新入职员工进行演示时，就可以找对主题不甚了解的人帮忙，让对方提出疑问。对于一些你认为理应了解的内容，对方很有可能根本不理解、不知道。

6. 寻找可信的资源

如果报告中出现的数值全部都是“本公司调查结果”，就会缺乏可信度。要尽量寻找其他可信的资源，并要使用最新版。另外，如需获取使用授权，则必须先获取，这是作为社会一员应该遵守的规则。

7. 要使用符合一定质量标准的图片或照片

图片和照片的质量差，会立刻让报告显得陈旧过时。另外，要结合画面大小选择画质。演示时，一定要避免将小图片投影到大画面上。

还要认真处理使用授权的相关事宜。如今，互联网上提供低价格、高质量的无版权图片的服务正在不断增多。即便是公司内部报告，也建议大家尽量使用购买的图片。

从合规的角度来讲，如果给人留下不注重版权的印象，是非常不好的。报告很有可能因为某种契机流出公司外部。如果作为公司内部报告不能产生费用，则要寻找无版权的免费网站。

8. 调查结果及照片 / 插图的版权处理

切记要认真处理调查结果、数据、照片、插图等创作物的版权相关事宜。正如第 7 项所述，我们不知道报告会流向何处，所以在制作报告时必须提高版权意识。

报告的构成篇

1. 将整体的关键信息放在第一页

如果报告面向的对象是公务繁忙的管理人员，就要努力在第一页抓住他们的兴趣。如果可以的话，报告就只做一页。给孙社长看的报告从来都是 10 秒钟定胜负。

如果所有人一开始就被报告强烈地吸引住，就不会有人摆弄手机确认邮件。一定要把自己公司的技术和服务等想要展示的“卖点”直截了当地放在开头部分，切不可故弄玄虚。

在安排报告的结构时，要设法让看报告的人能够理解为什么要与你们公司交易、为什么应该选择你们公司。为了达到这个目标，一开头就与其他公司进行性能比较等，这不失为一种办法。

2. 主旨要控制在 20 个字以内

即便特意把关键信息放在了开头，如果内容冗长乏味，也是没有意义的。大家要记住，必须控制主旨的字数，让读者在一行一行地看完后一下子就能明白主旨内容。

软银集团的报告都非常简短。有的时候一页幻灯片上就写着一句“大幅增加”或者“全球首个 ××”，用词真的是非常简洁。让人不知从何读起，或者需要花时间解读的主旨一概不合格。

3. 一条主旨、一张图片、一张图表

要采用可以更好地传达主旨的图片和图表。软银集团从不使用过于复杂的图解，也不使用矩阵，因为这些都需要解读。

过度使用插图也是不好的。如果插图过多，就会无法很好地传递想要传达的主旨，所以每页最多使用一张插图。不过希望大家不要使用 PowerPoint 自带的剪贴画，因为它会给人一种强烈的“一图多用”的感觉。我们要让报告具有独创性。

4. 主旨就是解说

主旨不可以是单纯的数据，还要体现其对于公司的意义，比如软银集团就会使用“大幅度改善”“迈向智能手机1亿部时代”“适当水平”等作为主旨，表明这些数据对于公司来说有什么意义。重要的是站在读者的角度，明确数据的意义，仅仅记录事实无法传递强烈的主旨。

5. 从结论开始

将想传递的信息放在开头。原则就是首先要有明确的结论，这一点在制作业务报告时亦适用，先陈述结论，之后再明确论述理由及背景等。

6. 加入数据

如果只有解说而没有数据，那便是谎言，比如说报告中只写着“大幅改善”，但没有证明这一说法的数据，那么报告就会缺乏可信度。软银集团从来不允许使用没有数据依据的报告。希望大家在整理报告时务必加入数据依据。

7. 报告不要太复杂

如果在一个图表中塞入过多要素，就会令图表晦涩难懂。也许这样做更能体现自己的工作成果，但会令读者感到非常困扰。

幻灯片的制作

1. 要将 Excel 制作的部分与 PowerPoint 制作的部分分开

使用 Excel 也能体现全部数据，但基本上还是要制作成图表，不能完全依靠 Excel。

2. 将 Excel 巧妙地粘贴在 PowerPoint 上

理想的形式是将 Excel 粘贴到 PowerPoint 上。由于是复制粘贴形成图表，所以要选择以图片的形式粘贴。如此一来，后续还可以追加数据。若想灵活加工数据，这种方法是非常好用的。

用惯了 Excel 的人，常常会炫耀自己作为 Excel 专家的技能，想要用 Excel 完成全部的图片加工，但这种做法只是一种自我满足。粘贴到 PowerPoint 上更加易于进行后续处理，也更加简单易懂。

用 Excel 做图

1. 不要沉迷于炫技

在前项中我也曾提到过，不要沉迷于炫耀 Excel 技能，否则只能制作出以自我为中心、忽视读者感受的图。要优先使用简洁易懂的主旨，结合想要传达的内容挑选信息。

2. 不使用图例

图例看似便捷，实际上却会耽误读者的“工夫”。读者在查看图时，必须对照图例才能知道“这个柱状图表示的是什么”，这是不正常的。我们要设法制作出让读者一看就懂的图，标签也可以直接写在绘图区。读者必须移动视线才能看懂的图一概不合格。

图表的原则是简洁至上。在软银集团的报告中，图中没有坐标轴，就是为了最大限度地追求易懂性。

3. 不使用立体效果

立体图看起来确实美观，但实际上很难理解，我们要省去没有意义的操作。

4. 不使用剪贴画会更加简单易懂

使用剪贴画会给人一种杂乱无章的印象以及一种似曾相识的既视感，不能因为它是 PowerPoint 自带的功能就随意使用。

5. 必须添加标题、标记出处

不要忘记添加标题，要让读者知道那是什么图，这一点属于软银工作法的范畴。还要明确标记数据的出处，来源不明的图无法取得人们的信任。

6. 结合主旨添加箭头和对话气泡等要素

刚刚在第 2 点中我曾经提到过，图最好简洁，但也要有效地使用箭头和对话气泡。比如软银集团的员工在制作报告时，会使用引号写上“GungHo 子公司化所带来的暂时性利润”，写明出现急剧变化的理由，用对话气泡标明“此乃季节变动所致”。要在读者有可能对原因感到疑惑的地方添加对话气泡，但要注意适量，对话气泡过多会让图显得杂乱。

7. 仅在必要时使用复合图

如果可以看出明显的相互关系，比如销售额变化与市场份额之间的关系等，使用复合图会是比较好的选择。但若看不出明显的关系，则要避免使用复合图。

柱状图篇

1. 要区分使用柱状图、条形图及曲线图的情况

每类图都有各自合适或不合适的用途。若想同时强调趋势和数据本身，并且希望表示其中一个数据系列时，就比较适合使用柱状图。如果项目较多，使得图的柱子过多时，则加工成条形图会更加简单易懂。

在与其他公司进行比较时，要使用折线图。如果做成柱状图，就会变得晦涩难懂。若是表现图叠加、体现时间序列变化的复杂数据系列时，则比较适合使用折线图。

2. 表现正在成长的趋势时，要去掉刻度线

在强调正在成长的趋势时，要去掉刻度线，加工成简洁的图，这堪称软银集团经典形式，这样做可以更加突显成长性。在表现单体销售额增长时，这一技巧非常有效。

3. 不要制作双坐标轴图

制作帕累托图时会需要双坐标轴，这属于例外情况。而制作帕累托图以外的图时，如果使用双坐标轴，就令图晦涩难懂，所以要尽量使用单坐标轴。

4. 柱子间保持一条线粗细的距离

如果图中柱子与柱子之间留有间隔，就会给人一种冗长松弛的感觉。柱子粗，间隔窄，看起来会更具冲击力。

5. 纵坐标表示销售额及费用，横坐标表示时间序列

这是做图时的基本修养。在纵坐标中添加表示数值增减的要素，而表示时间序列时，则务必使用横坐标。

6. 注意横纵比例

表现成长性时，相比横向的图，更适合使用纵向的，或

者接近正方形的图。要追求合适的横纵比例，强调自己想要传递的主旨。

7. 要有效使用箭头

关于这一点 Excel 也是一样的，在表现不断成长的实际状态时，箭头是一种很有效的表现形式。

8. 要去掉刻度线和数据标签等无用的要素

不能因为刻度线和数据标签等是系统自带的，就随意直接使用。要适当地加以调整，挑选哪些必要、哪些非必要，果断删除不需要的要素。

9. 为体现变化而对图下方进行剪裁

如果图下方过长，则很难体现变化。要结合做图的目的，对下方进行剪裁，努力追求易懂性。

10. 用 PowerPoint 最终加工图标题

标题就如同店铺的招牌一样，发挥着非常重要的作用，因此要用 PowerPoint 加工。要让标题的内容简单易懂，且具有视觉冲击力。

11. 在堆叠柱状图中添加明细，易于表现时间序列变化

我在报告案例 2 中曾经提到过，若在堆叠柱状图中通过明细表现构成比例，并按照时间顺序排列，就会很容易看出问题的关键。但是，明细的要素最多不能超过 5 个，一旦超过 5 个，就会很难看出哪个要素占比多少。

12. 表现比例时，使用 100% 的堆叠柱状图

想要查看各个项目的构成比例时，要加工成 100% 的堆叠柱状图。大家要记住，此时的明细要素最多也不能超过 5 个。

折线图篇

1. 折线图适合传递的信息并非绝对值，而是变化

折线图有其独特的个性，最适合用来表现变化。如果是表现绝对值，则使用柱状图比较好。如果希望与其他公司进行比较，强调自己的公司是 No.1，就要加工成折线图。折线图最适合用来表现竞争状态的经年变化。

2. 要素最多不能超过 5 个

折线图的要素再多也不能超过 5 个，否则会让人没有兴

趣看下去。如果想表现 6 个或者 6 个以上的要素，就要分别制作不同的图。

3. 去掉刻度线，让图更简洁

如果折线图中满是刻度线，会让人看起来特别费劲。折线图的目的是表现变化和倾向，并不需要刻度线。

4. 不使用图例

比较好的做法是不使用图例，而是在绘图区内直接记入。理想状态是不看图例也能理解图。

5. 表现倾向时不需要标记

图中默认会有标记，但选择数据格式便可以轻松删除。大家要根据做图的目的判断哪些需要、哪些不需要，进行取舍。

6. 强调最终数据

强调最终数据，更易于传递图想要传递的信息。要随时意识到自己“希望通过这个图表达什么”。

7. 线条不能过粗或过细，要粗细合适，简单易懂

表现自己公司数据的折线图用粗线条，表现其他公司数据的折线图用细线条，通过这种方式使对比更加鲜明。如果全部使用相同粗细的线条，会让人看不懂图想要表达什么。

8. 使用不同的颜色

市面上有很多书提倡“用同色系的颜色整理图”，但制作折线图时如果不使用对比明显的颜色，就很难区分各个要素。最重要的是要让人能看出差别。

制作堆叠柱状图时，也建议大家采用不同色系的颜色。虽说美观性很重要，但最重要的还是根据图的制作目的进行加工。制作折线图时，要特别使用不同色系的颜色，让图看起来更加简单易懂。

9. 注意横纵比例，信息要放在图旁边

和柱状图一样，要表现成长趋势时不能使用横向图。若将信息放在下方，会让图的纵向尺寸不够，所以要放在图旁边，保持协调的横纵比例。

10. 根据具体情况，对图下方进行剪裁

这点跟柱状图一样。表现成长趋势时，可以考虑对图下方进行剪裁。

饼图篇

1. 饼图有助于把握现状

饼图传达的信息包括通过圆饼整体面积体现出的尺寸感以及其中的明细显示。饼图有助于表现现状，但缺少表现未来预期的要素，不适合用来表现发展趋势。实际上，软银集团几乎不使用饼图，在进行数据比较时，使用柱状图会更加简洁易懂。

2. 按由多到少的顺序顺时针排列

在日本，饼图中的明细通常是按占比由多到少的顺序顺时针排列，但在日本以外的其他地方却并非如此。将构成比例最大的要素放在 12 点钟到 3 点钟方向之间，将占比次之的要素放在 11 点钟方向的情况也很常见。这一点希望大家了解。

3. 颜色朴素

由于可以通过角度和面积理解内容，所以绘制饼图不需要像折线图那样使用鲜明的颜色，反倒是使用朴素的颜色会更加清晰易懂。

4. 不要将两个饼图排放在一起来表示明细

如果将两个表示明细的饼图排列在一起，乍看上去会很难理解。因为这样会让面积比例出现混乱。如果无论如何都要对明细进行对比的话，就请使用柱状图。

5. 要素最多显示 5 条

和柱状图及折线图一样，要素最多显示 5 条。如果超过 5 条，饼图看起来就会像奶油酥饼一样细碎，很难理解。比较好的做法是将占比较小的内容统一整理到“其他”中，再另外制作一个饼图用以说明“其他”的详细内容。

6. 将多个饼图排列在一起时，要按照面积决定尺寸，而非半径

制作饼图之所以费时费力，就是因为这个。由于尺寸是根据圆的面积而定的，所以需要利用“S（面积）$=\pi r^2$”这

一公式倒过来求圆的半径，不能随意决定圆饼的尺寸。

表格篇

1. 尽可能不使用表格

表格能不用就最好别用，全部加工成图会更好。软银2015年3月期第一季度决算报告总计有68页，其中只使用了两张表格。不仔细看便无法理解内容，这是表格最大的缺点。

2. 每5段加入一条格线

如果表格中满是格线，看起来会很费力。如果采用置灰交互的形式，每5段加入一条格线，则看起来会更加简洁易懂。

3. 列标题要居中对齐

这一点属于细节问题。列标题要居中对齐，与左对齐相比，居中对齐的易读性会得到大幅提升。